少年问答

连岳 著

插图版

译林出版社

目 录

一

如何改变“傻乎乎”的大人？

二

不知不觉间，你已悄然长大

三

自律——成为人生“大富翁”的锦囊妙计

四

人际大难题

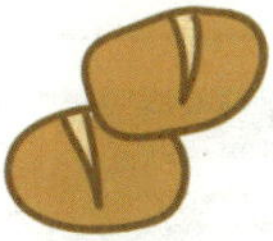

八 当挫折来临时

九 换个角度看世界

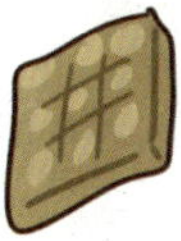

一

如何改变“傻乎乎”的大人？

讲理规则

有位十二岁的小朋友提问，简单回了一下：

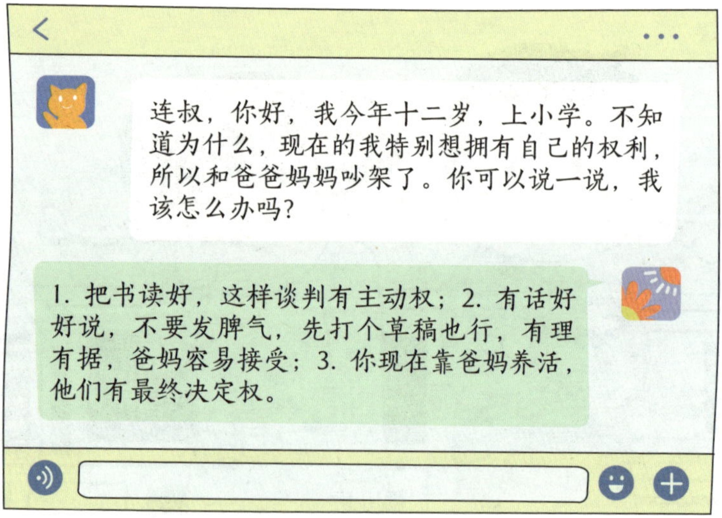

注：本书读者来信均为真实来信，存在语言表达不尽规范之处，为反映来信者真实状态，编辑仅做适度调整。特此声明。

看到这位小朋友的信息我觉得有必要扩充一下，写个《小学生讲理规则》。

其实讲理规则贯穿一生，小学生讲理规则也适合中学生，适合所有人，所以索性叫作讲理规则。

一、**有礼貌**。“请、谢谢你、对不起”，太多人一生不知道这几个字的威力。并不是你有道理，别人就得听你的，如果你行事粗鲁，令人厌恶，那么，别人会一并讨厌你的道理。

二、**渴望爱的正确方式是对人友好**。我们渴望得到父母的爱、兄弟姐妹的爱、老师的爱和同学的爱，你甚至可能特别喜欢某个同学，也渴望得到他（她）的爱，这些渴望都是正常的，但是我们往往会向他们发脾气或说一些伤害他们的话以引起他们的重视，这是不对的。他们并不知道我们真实的想法，只会受到伤害，然后离我们更远。正确的做法是对他们友好，即使有时候不知道说什么，笑一笑就挺好。

三、**优秀的孩子会得到更多**。人们更尊重优秀者，越早知道这点越好，父母也更爱那个更优秀的孩子（即使他们很克制地不表现出来）。如果你不是那个优秀者，可能会觉得受伤，但仔细想想，如果优秀者无法得到更多，那对他们也是不公平的。所以，成为优秀者有助于你讲道理，一个成绩很好的小学生，比起一个成绩很烂的小学生，他的要求总是更容易被听到。

四、要想得到，必先给予。互惠互利的原则对一切关系都有用，包括对你和父母的关系。如果你懒惰、拖拉、邋遢，学习与生活一团糟，简单的事情提醒了一百遍还是错，父母心里就会想：养这个孩子真累啊。那么，他们不愿意答应你的要求，不是很正常吗？相反，如果你是一个自我管理得比较好的孩子，这就是对父母的给予，你提要求，自然更容易被满足。只会索取，只会给别人制造麻烦的人，什么都得不到。

五、父母也是普通人。这意味着他们也需要你的鼓励，当你觉得他们做得不错时，赞美他们一下。当他们有时候不耐烦、有脾气时，要知道，那不过也是人人会犯的错误，像你一样，不要硬争硬顶，原谅他们，等他们情绪缓和了再说吧。

六、一次说清楚一件事。表达自己的观点，有基本的结构，一般是“我的观点是什么，因为什么”。事情重大，你想说服别人接受你的观点，不妨在自己脑子里先过一遍，然后试图反驳一下自己，把你能想到的反对意见回应一下。这样，到你表达时，就不会急躁、害怕、漏洞百出。别人觉得你认真思考了，更会认真对待。

七、被拒绝是正常的。被拒绝后不要说出伤感情的话，比如：我恨你们！你们永远都是这样！我再也不想理你们了！这样于事无补，接下来几天也很尴尬。

八、尊重买单的人。谁花钱，谁有决定权。你还在花父母的钱，要尊重抚养你的人。你可以提要求，但他们有最终的决定权，满足你的要求，往往都需要花钱，而钱是有限的。父母有时候不满足你，可能真是因为他们的钱不够。将来你有钱了，决定权就在你手里了。在讲道理时，知道谁是最终的决定者，这点

很重要。

以上规则，可能需要我们用很长时间去实践，并不是知道了就一定做得到，但是有意识地训练自己，时间久了，就更容易遵守这些规则。你成为一个讲道理的人，做事情会顺利很多，即使将来只是一个很普通的人，你也会得到尊重。得到尊重，是了不起的成就。

如何改变“傻乎乎”的大人？

连叔：

您好！我叫连悦，是一名六年级的小学生，我看了您的一些文章后，有一些问题想请教您。

有些时候，我很不理解一些大人的世界和他们的观点。我是一个比较固执的人，有的时候我会一直坚持我的观点，因为我可以确信它是正确的，但是大人们宁可去挑一些麻烦的或者不对的做法，我指出后，他们也不会承认，我就特别好奇，也不知道这是为什么，甚至觉得他们有点傻乎乎的。而且有时候家长也会非常不理解我，我想要干什么，他们偏不让，有的时候他们也不理解我的想法。我受了委屈，自己哭的时候，他们会说我矫情，难道我就不能自己待会，调整一下心态吗？我相信很多小学生是可以的，我只不过是需要一个独立的空间，独立的，不需要任何人打扰的。可是家长始终不能理解我，是我的表达方式有问题还是家长有问题？我可以做到的事情，家长却直接否认，比如我想听歌写作业，是为了隔绝杂音，更好地进入状态，他们却觉得听歌对学习没好处，我辩解一句，他们反驳我十句，甚至不讲理地直接把电脑关上，我十分生气，但又碍于他们给我留下的心理阴影——小时候父母打我比较狠，使我产生了一种对他们的恐惧——不敢说，我会一直保持沉默，自己待着。

连叔，我十分不理解他们的行为，希望您能帮我解开疑惑。

连悦童鞋

连悦童鞋：

你的父母属于霸道型的，指令不容违抗，否则，对你就有更多批评，甚至直接动手。孩子往往会怕这种父母，怕的过程当中对他们的爱也慢慢消失了。

这类父母占比不低，我是很同情他们的。我并不恨他们，或者讨厌他们。为什么呢？他们往往有朴素的责任感，觉得把孩子管好，就是把一堆规则硬塞给孩子。不负责任、不关心孩子的家长，孩子受了委屈、哭了，他们也未必知道。你的父母知道你哭了，在这过程中，还探头探脑，说上几句——他们的反应在这个阶段，都还是正常的，也是应该的，因为你毕竟还小，怕你承受不住委屈，做出什么伤害自己的事。

但你提出需要自己静静时，他们拒绝了，觉得你是因为小事矫情，这就错了。他们可能不理解孩子，值得孩子哭的事，对这个孩子来说，就不是小事，哭完心情恢复平静，也是心理建设的过程。知道缘由后，孩子想哭就让他们哭一会，抱一抱他们，哭完小声聊几句，做一个孩子喜欢吃的菜，有个温暖的收尾，委屈不仅会过去，还增进了感情。不知道这么做的父母，你一哭他们就害怕，怕你出什么事。这种害怕是爱的一种体现，但他们无法恰当地表达爱，只会慌张急躁地禁止你哭，甚至通过轻视、羞辱的方式——别哭了，别那么矫情！他们天真地以为，只要你不哭，事情就解决了。

霸道型的父母，责任感有，培养孩子的功夫也下得不少，甚至比更成功的父母焦虑得多、担心得多，得到的却是孩子的疏远、冷漠和憎恨。吃力不讨好，失去自己孩子的爱，这当然很可怜。要过很长时间，孩子到了成年，知道生活不易，才有可能恍然大悟：原来他们不是不爱我，只是不知道怎么爱。他们表现得那么凶，其实只是太弱小。

你观察得没错，有些人确实是傻乎乎的，错了认个错就没事的小事，偏偏要固执地让它变成大事。但这就是人性的弱点，它很强大。你和我，也会受这人性弱点的困扰，为了自己的面子、自尊，傻乎乎地固执于错误，宁愿伤人伤己也不回头。知道这种人性弱点，有利于自己的成长。当这种弱点对你产生影响，你可以警觉到自己正在犯错，并慢慢学会控制这情绪，听清楚这情绪传达的诉求。这样也可以增加自己的同理心，你仍在依赖父母供养时，已生出怜悯——他们被显而易见的弱点控制得那么牢。

冲突发生时，有怜悯心的那个人，是站得更高的。站得更高的人将寻找方法避免、化解冲突。如果加剧冲突，引发争吵，只会让对方被弱点控制得更牢，那我们就害了他。比如关于学习方法的争论，你想边听歌边写作业，家长要求你写作业时不听歌。从科学的角度看，家长这个要求没有错，注意力资源是稀缺的，人很难同时做好两件事，虽然也无法排除你是例外。争吵不仅无法解决这个矛盾，还不利于你。这时候，你可以想得远一点，支撑一个人话语权的，是实力。如果他们的教导符合主流价值，比如老师也是那么说的，那就暂时听他们的。等你实力强了，再来谈判。

学生的实力，就是成绩，如果你是永远的第一名，你说，我就得听歌写作业，成绩才能好。你父母哪里敢禁止，早把它当成你的趣事在朋友圈炫耀。用实力说话是最轻松的。成年后也是如此，你成就大、负责任，你的观点、你的方法，人家就听。

从现在开始，就可训练自己，不用抱怨、生气与泪水来提要求，用实力提要求。你只是六年级的小朋友，这个要求很高，毕竟成年人都很难做到，但开始只做到 1%,就很牛了,你能慢慢掌控你自己。几年后，你能做到 50% 时，就能改变你的父母。

祝开心。

连岳

你比爸爸强大

亲爱的连岳叔叔：

您好！

我想跟您聊聊我的爸爸。他的脾气非常不好，没有妈妈温柔，没有奶奶疼爱我。虽然我知道他每天送快递非常不容易，可是我实在受不了他的脾气。

今天发生的一件事导致我哭了一个小时。起因是，今天一回到家我就开始写作业，老爸不知道在干啥。我写完作业后，就开始玩妈妈的手机。老爸之前没有看见我写作业，等他看见我时，我已经在玩手机了，他便大声对我吼道："不能玩手机！"之后他就走了。

我以为这件事就结束了，结果呢，还没玩一会儿老妈就叫我吃饭，我说马上来，马上就来，又接着玩了一会儿。老爸就开始发脾气，让我快过去吃，我也放下手机过去了。可老爸嫌我走得慢，又吼我。我过去之后看到碗里的面，就说我不爱吃这个面（妈妈接我放学时说过，今天晚上不做饭，吃面条），老爸就说：“你不要挑三拣四的。”我看见面条里有我不爱吃的肉和我吃腻了的鸡蛋，就更不想吃了。但老爸还是逼着我叫我快点吃，继续对我发火，我问：“我可不可以不吃肉跟鸡蛋，只吃面条？”老爸坚决又生气地说：“不行！”当时我就哭了，他还说不吃就揍我（以前我不

听他话时他也揍过我，被老爸吼是家常便饭，一年挨揍最多不超过三次）。之后我一边哭一边把面条吃完了，肉和鸡蛋最后还是偷偷给妈妈吃了。后来我一个人上楼哭了一会儿，妈妈过来安慰我，我的心情才平静下来。

说到这里，我还在生老爸的气。为什么只要我做了让他不满意的事，他对我不是吼就是揍。我绝对是他亲生的。

一个八岁半的二年级女生（小包子）

亲爱的小包子：

我告诉你一个家庭秘密，别看你爸爸能吼你，还能揍你，你却比他强得多。比如这件事，你最后还是如愿没吃肉和鸡蛋，并得到了妈妈的安慰。而爸爸得到了什么？什么也没有，他还得气鼓鼓地去工作。因为生气，工作出差错的可能性变大，一旦出错了还会被人责怪。在这次冲突中，你才是赢家。

父母被孩子惹得大吼大叫，甚至动手揍人，那正是他们最虚弱、最可怜的时候。在发生这件事之前，他们是正常说话的——温和地讲一些规则和道理，如果孩子接受了，事情就不会恶化。比如你如果不是未经允许玩手机，或在被制止后立即不玩，或者吃饭时不挑食，事情都还可控，遗憾的是，多次机会你都没有把握住。话说回来，孩子使用手机的第一条纪律是：在父母（或其他监护人）的允许和监督下使用。否则的话，手机一定会毁掉孩子，别说你只有八岁半，就是十八岁的高中生，在手机的诱惑面前，也可能失控。你爸爸看你偷玩手机时那么生气，这正是因为他爱你且具有相关的教育常识。有些父母爱孩子，但没有教育常识，放纵他们玩手机，孩子最后只能玩成一只成瘾的可怜虫。你爸爸比他们负责任。

负责任的人，都会辛苦一些，负责任的父母，比不负责任的父母更辛苦。为什么要自讨苦吃？那就是因为爱。你完全不理会爸爸，继续偷玩手机、挑食、哭闹，还是会赢。爸爸除了绝望地吼叫几声，偶尔打一下你，再没有别的办法，他还是得照样乖乖地工作、养家。他只要爱你，就注定是软弱的、可以由你欺负的。如果一个孩子一直利用这点逼迫父母让步，那他最后就会变成一个不负责任的孩子，一个没有爱的孩子。虽然今天你知道了你比你爸爸强，但也不要用这大能量去伤害他，你要帮助他，要担负起自己的责任——准时高效地完成自己的任务，玩手机前获得允许，吃饭不挑食。这些都是你可以做好的事，做了，你爸爸能感受得到你的爱，他的脾气将奇迹般地好起来。你为什么要当一个负责任的孩子？也是因为爱，你还可以用爱改变你爸爸。

祝开心。

连岳

世上最辛苦的工作是什么？

连岳老师：

您好！

2021年还剩98天。我今年五年级，学习一般，长大了想当个建筑设计师，希望未来因为我的设计，让这个世界更美好。

从中秋节开始，我和妈妈一起参与了一个“实验”——百日计划（当然这个计划是我妈妈提议的）：

每天告别一件“无用之物”。

每天向他人释放一点善意。

爸爸妈妈会每天认真听我讲一个影响我或我喜欢的人物故事。今天我分享的就是影响我最大的人物——连岳。我是这么说的:“连岳老师解答了很多很多中小学生遇到的困惑,更解决了很多很多家庭的不幸,太伟大了。他不仅仅用文字传播了温暖和爱,更关键的是用无声胜有声的方式,温文尔雅地真诚劝说着。他从不伤求助者的自尊,总是直接给出有效的建议,让每一个遇到困惑的人都能找到解决问题的方法。非常棒,我非常喜欢连岳老师。如果我妈妈和爸爸也能像连岳老师一样和孩子说话,我会觉得特别幸福。”

谢谢连岳老师,我目前特别普通,特别一般,唯一的特长就是画画。2020年,在全国小学生防疫漫画征稿比赛中,我获得了北京市小学生组的第一名。我的爱好是游泳,并在今年假期教会了我妈妈游泳,妈妈最近游得还挺不错的。

我想求助的问题是:怎么才能一步一步实现我未来当建筑设计师的梦想?希望连岳老师能帮助我,给我指导,谢谢您!

因为我的设计让世界变得更美好的少年

让世界变得更美好的少年:

谢谢你夸奖我，这是你向我释放的一万点善意。

不过，我听完后却有些不安、不平，甚至有一点伤感。因为你对我的夸奖最后变成了对父母的批评。从你的描述来看，我认为他们是负责任的、善于引导的好父母，他们比我更应得到你的夸奖。

没有完美的人，再出色的父母也有让孩子不满意的地方。孩子在成长中容易犯的一个错误，就是只盯着父母的不完美。即使 99 分的父母，孩子天天盯着他们那 1 分的不完美，父母的形象也会是丑陋可恶的，恨不得把他们换成某位同学的父母。

做负责任的父母，可能是世上最辛苦的工作。他们只要醒着，就在工作，而且没有工资；永远没有节假日，所有法定的节假日对他们来说都是必然的加班日，而且没有加班费；他们不能中途退出，无法中止合同，得养育孩子二十多年，直到孩子有一技之长，可以自食其力。在这期间，他们因为不完美，难免有这样那样的不足与无法避免的错误，还要被孩子埋怨。只有孩子有特权当这样的雇主，其他任何敢这样对他们的人，都违反了《劳动法》，甚至违反了《刑法》，得坐牢。所以，只要判断出某位父母能拿 80 分，我都会格外尊重他们，这足以证明他们是美好的人，更别说我认为你的父母至少在 90 分以上，请你代我转达对他们的敬意。

你想用设计让世界变得更美好，我支持你。如何起步呢？就从当一个善于发现美好的人开始。发现不了美好，就接受不了美好；接受不了美好，精神就生产不出美好；生产不出美好，就输出不了美好。这样的人，就会变成一个苛刻的人，一个冷漠的人，一个极度以自我为中心的人，一个内心充满仇恨的人，一个与一切美好绝缘的人。这样的人即使掌握了一定的输出技能，比如写作、演说、绘画、设计，也只能让世界更不美好。

只要你能发现美好，接受美好，生产美好，输出美好，那么，你将来无论从事什么职业——是设计师、是老师、是科学家、是政治家、是企业家、是作家、是军人、是医生、是工人、是农民……成为任何一种自立者——你都能让世界变得更美好。

心好，就能发现美好。这点小朋友有优势，人之初，性本善。科学实验也证明人天生就有同情心，有公正心。人一出生，就有一颗好心，是后天没有维护好，才变坏，发现不了美好的。教育与成长，最重要的任务就是维护这颗好心，让它变得更好，更有力量，一生不受污染。

维护好心，我觉得最方便、最有效的方法就是每天对父母释放善意，去发现他们的美好，去感谢他们的付出，去同情他们的无力，去原谅他们的过错，去爱他们，去安慰他们，乃至去保护他们。这样的孩子能让父母更加美好，必然也能让世界更加美好。

祝开心。

连岳

二

不知不觉间，你已悄然长大

一个孩子的力量

连叔：

您好！

我是一名六年级学生，受母亲的影响，三年级便开始读您的文章（自认为是一名忠实读者），很敬佩您的为人处世。今天我无意间发现了一条母亲向父亲抱怨（她也没有指责父亲）的信息。因为家里有一个弟弟，父亲的工资一年除去开销，也攒不出多少钱，更没有钱为两岁的弟弟请保姆，所以母亲一直为换房（家中现有一套六十多平的，家住苏州，房价一直在涨）和找人照顾弟弟烦心。目前母亲是一个人在家照顾弟弟和我，她自己也比较上进，希望能给弟弟和我更好的生活环境，能够出去工作，可是一直没有机会。

我平时学习基本不用他们操心，就是小升初的择校让父亲一直忙活。我之前也看到一次母亲写得很悲观的话，偶尔在家里我看她也是有气无力的，但她尽量在我面前表现出很坚强的样子。不知道为什么，我心里很不是滋味。养育两个小孩对于父母来说，无疑是很大的压力，我看着他们，心里也会压上一块石头。我一直想当一名小学老师，现在觉得要当大学老师才能撑起一个家，因此非常不知所措。

写得比较乱，请您见谅。打扰您了。

迷茫的小学生

迷茫的小学生：

那你将来就当个大学老师吧。生活让你调整一下志向，对自己提出更高的要求，也是件好事。人生就像玩游戏一样，是个动态的过程，总是要根据情况的变化调整自己的应对措施，不能像算术公式一样一成不变，甚至可以说，“不知所措”的感觉，是我们在做出选择前的一种心理状态，是正常的，不必害怕。你的理想从小学老师调整为大学老师，心理就会安定一点，是吧？

你是个敏感的孩子，能从父母细微的言行中捕捉到他们的为难。这就是聪明，聪是比别人听到的更多，明是比别人看到的更多，你对成年人生存状况的感知，超过了同龄人。敏感是很宝贵的资源，你能很快判断出他人的处境，体会到他人的难处，再加上你的善良，你沟通的效率高，情商高，做事的成功率将高很多。人与人构成的世界，感情是最重要的沟通方式，不敏感，情商低，那会生活得很辛苦。

怎样使用你的敏感，还需要你继续学习。敏感是好事，但不要太敏感。太敏感，会摄入过多的信息，对信息也可能过分解读，别人一声无意识的叹气，就在你心里掀起巨浪，这也是对世界错误的认识。而且如果自己很难在情绪的剧烈波动中恢复平静，最后也会影响自己的生活。

聪明人容易犯的错误，是过度使用自己的聪明，不相信他人能够处理自己的事情。这样容易干涉他人，替他人操不必要的心，最后大家都不开心，你浪费了精力，别人觉得被冒犯。所以，你要相信你的父母，学会相信，就是学会控制自己的敏感。

从你的描述来看，他们过的是正常生活，大多数成年人都是这样生活的，能够挣钱养家，有套小房子，但是钱总觉得差一点点，房子总是不够大，要进一步提升，需要长时间的积累。既然正常，你就不必担心。偶尔情绪低落，说些泄气的话，那也是人之常情，就是你将来成了亿万富翁，也会有情绪低潮的时候。对他们这些情绪过度反应，会让他们很紧张，迫使他们永远不能有一点所谓的负面情绪，那会把人逼疯。

你的父母比较幸运的是，他们有你这个早早规划人生的孩子。你自我梳理、自我管理能力比较强，他们比较省心。对大多数父母来说，管教自己的孩子，压力一点不比解决收入、房子之类的问题小。从这个角度看，你做好了自己，已经帮了父母大忙，作为一个小学生，这也是帮助父母的唯一途径，一直到你读完大学、找到工作为止，做好自己都是在帮他们的忙。当然，不是你有工作后就不必做好自己，而是那时你有收入，彻底不需要父母的金钱资助，还可以反哺，能帮他们更多。

做好自己的本分，永远是最好的帮忙。你敏感，能够捕捉到他人对你的期待，也察觉得到因自己的失误引发的不满，这都有利于你最快地调整自己，完成做好自己的任务。一个能够做好自己的人，无论他是小学生还是大学生，是小学老师还是大学老师，都能让人感觉到踏实、可信任，也能抚慰他人，是一个精神力量的输出者。

祝开心。

连岳

如何当好姐姐？当姐姐的意义是什么？

连叔：

您好。

我是一个五年级的小学生。在妈妈的引导下，我关注了您的公众号。今天我跟您分享一个消息：我的妈妈怀孕了，我一开始根本不相信，因为我一直是个独生女，爸爸妈妈以前问过我要不要弟弟妹妹，我都很犹豫。但最近几年，我觉得有个弟弟妹妹也不算是坏事，所以就跟我妈妈说想要。最近妈妈去体检，回来后告诉我她怀孕了。我又欣喜又紧张又疑惑，在询问了多次之后，妈妈拿出了体检报告，我这才相信。我回家以后，就一直在思考怎样当个好姐姐。这个问题，我也想要请教一下连叔。

祝身心健康，工作顺利。

Viky

Viky：

恭喜你们。

你爸爸妈妈了不起。现在不少人觉得生活、工作压力大，生育的意愿下降，他们生二胎，本身就是有能力、有勇气、抗压性强的体现。当然，你的支持也很重要。一家人一起努力迎来一个新生儿，这已经是一个成就。

我也有妹妹，还有两个。虽然她们现在很强大，但一想到她们，脑中浮现的还是她们小时候的模样。她们对哥哥的情感，也是在小时候固定下来的——永远爱哥哥，崇拜哥哥。这是我们当哥哥（姐姐）的福利。

多得到了一份爱，当然也多了一份压力，觉得自己要对得起哥哥（姐姐）这个“荣誉称号”，自己太不争气、太没出息，那将辜负弟弟妹妹无条件的信任与爱，这信任与爱自然也会逐渐消失。

哥哥姐姐是弟弟妹妹的引领者、保护者，他们的威信与影响力，有时候比父母都高。知道了这个定位，那么，压力就不再是压力，确切地说，是弟弟妹妹送给哥哥姐姐的内驱力，对成长来说，是好事。没有弟弟妹妹的人，就比较难理解这点。人理解自己，需要把自己放在人与人的关系中。“人的本质是一切社会关系的总和”，这是马克思的一句名言。与父母的关系，与弟弟妹妹的关系，是最重要的社会关系。所以《论语》里说："孝弟也者，其为仁之本与。""孝"是父母疼爱孩子，孩子敬爱父母；"弟"同悌，是哥哥姐姐引领、保护、关爱弟弟妹妹，而弟弟妹妹敬爱哥哥姐姐。这四种关系和谐，那世间的人都可归类进入某种和谐，长辈就像父母，晚辈就像孩子，长几岁的像哥哥姐姐，小几岁的像弟弟妹妹。中国人有家国情怀，理解了家就理解了国，而把国人当成家人，就是大同世界。举轻若重，举重若轻。

当一个好姐姐（哥哥），变强是第一位的，强者才有能力引领他人、保护他人、爱他人。这也需要更自律、更自觉，生活与学习习惯更好。另外，不要争风吃醋，弟弟妹妹刚出生，更弱小，肯定需要父母更多的精力与关照，而你是强于这个小家伙的，是给予者，不必去争宠。过不了多久，他回报你的爱，能融化你。

祝开心。

连岳

这就是有小妹妹的好处

亲爱的连岳老师：

我先来自我介绍一下，我是一名二年级的小学生。

事情是这样的，我哥哥今年读初三，变得比较叛逆，父母讲话也不想听，每周回来就想玩游戏。他平时在学校住宿，有一天晚上他睡不着，听见隔壁宿舍有一点声音，就去看了一下，是有同学在打扑克牌，他也加入进去了，没过几分钟，一盘还没打完就被老师发现了，被罚停宿一周。

平时哥哥在学校成绩还是挺好的，因为这件事我哥哥情绪很低落，哭了一场，家里人说话也听不进去。周末他自我放弃，在家通过打游戏来发泄。这个星期

他每天早上要五点二十起床上学，晚上九点半还要坐地铁回家。哥哥就快中考了，我真的很想帮助哥哥处理好这件事，避免影响他升高中，但是我实在没有办法，希望连岳老师看见这封信，可以帮我解答一下。

求回信。

一位想帮哥哥的妹妹

一位想帮哥哥的妹妹：

你放心，哥哥没什么大问题。他成绩好，学校管理又严格，走偏的可能性很小。

处于叛逆期的孩子，经常与家长老师刻意作对，你让他往东，他非往西，即使他自己也知道往西不对。这段时间，若没有力量能够抑制他刻意作对的冲动，成长风险自然急剧加大。学校处罚你哥哥后，他哭了一场，这说明学校的权威足够大，可以降低他叛逆的风险。

一个人的成长不容易，需要得到很多人的帮助。各种帮助分工合作，起不同的作用。就像你哥哥，学校起到了教育与管教的作用；父母起到了耐心陪伴的作用——抚育孩子得经常与他们讲道理，还要受委屈（因为要忍受孩子的叛逆）；你这个小妹妹也有大作用。

小妹妹的作用就是在“小”。为什么所有人都喜欢小动物？——小猫、小狗与小孩。小动物具有“萌”的特质，看见你，靠近你，蹭上你，你就只能投降，乖乖地抱它、爱它、对它负责。“萌”就是小动物进化出来的生存能力。你现在在哥哥的眼里与心里，就是这样一只小动物，只要站在他旁边，抱抱他，就能给他带去巨大的力量。你还那么小，不能管教他，也不会讲道理，但这有什么关系，你的优势恰恰是不讲道理，不管教。管教、讲道理，那是爸爸妈妈与老师做的事，你只要信任哥哥就行了。

哥哥将来的成长，还会有这样那样的问题，但有你信任他，他走偏的风险就小很多。这也是有个小妹妹（或小弟弟）的好处，当哥哥姐姐得到他们的信任时，将产生许多积极的作用，比如温暖、感动、振作、保护欲、爱。而这样的哥哥姐姐，也更值得弟弟妹妹信任。这种良性的情感互动，很稀缺，成年人费尽千辛万苦找到的爱情是一种（比如你爸爸妈妈的关系），而哥哥姐姐与弟弟妹妹，天然就有这爱，这是与生俱来的珍贵礼物。所以没事，有你在，哥哥这关能过。同样的，再过几年，你到了叛逆期，有哥哥在，也不怕过不了关。

祝开心。

连岳

巧言令色，缺乏耐心，必遭失败

连岳叔叔：

您好！

我是一名六年级的学生，我平时一直在看您的文章，学到了许多，也看了您的《少年问答》，受益匪浅。

我一直有几个问题想要问一下您。就在昨天，我在 iPad 上下载的小红书被我妈妈发现了。令我惊讶的是，她并没有像往常一样训我，或许，是因为她感受到我真正意识到自己错了吧。一直以来，我的妈妈教育我的时候，我都假言假意地承认错误。那么昨天，又是什么使我真正意识到自己错了呢？妈妈以前揍我，是不是其实知道我是假言假意在认错呢？

唉，说了半天，我始终没说到点子上，说白了，其实我一直有不为人知的一面，没有向别人展示过的一面。又或许，我是最近才有这一面的——因为我发现，我的青春期到了，妈妈的更年期到了，爷爷也开始健忘了。写到这里，我才发现，我在乎的人不知不觉变了好多呢……我自己，也变了好多。

我开始能够理解为什么妈妈不给我手机了；我与家人吵完架后开始懂得后悔了；我甚至不再像以前那样看到自己喜欢的明星出现在广告上就变得疯狂了……

然而全部的这些改变，都发生在这几天。

连岳叔叔，请问，突然间变了这么多，我该为此感到高兴吗？有不为人知的一面，是正常的吗？当更年期母亲遇上青春期孩子，该如何取长补短、和平共处呢？

就像朱自清先生在《匆匆》中疑惑的，我又该如何在飞逝的时间中做有意义的事呢？

一个迷惑的人儿

一个迷惑的人儿：

几天内，突破了，长大了，这当然是值得高兴的事。记住这感觉，它在你的一生中会多次出现。

家庭教育、学校教育、自我教育，目标都是一样的——追求人的成长。

人的成长，分成两个阶段。

第一个阶段，叫“数年如一日”。表现为静止，重复，变化不大，进进退退，拉拉扯扯。练习了还是生疏，挨批评了还照样犯错。作为孩子，有时做得太过分，难免被骂一顿，甚至被适当体罚。

这个阶段考验教育者与被教育者的耐心。主要是教育者的耐心。没有耐心的教育者，以为说一次道理，管教一次，孩子第二天就成了一个新人，从此万事大吉，那他百分百要失望，失望了就放弃，放弃了，孩子自然不能获得成长，于是教育失败。道理要讲一百次，管教要进行一千次，一百次一千次不够，那就再来一百次一千次，这才是耐心。到你成年以后，你就是自己的教育者，对自己也要有这种百次千次的耐心，这样你对孩子才有百次千次的耐心。

有耐心的人将迎来成长的第二个阶段，叫“一日如数年”。就是你这几天感受到的，突然想通了，懂事了，体谅父母和他人了，大气了——目标达成，你成了一个“新人”。

第一个阶段是量变，第二个阶段是质变，没有量的积累，不会有质的变化。

到了第二个阶段，又在更高水平上进行量的积累，再度“数年如一日”，以等候下一次“一日如数年”。这个螺旋上升的过程将贯穿成功者的一生。

人很容易失去耐心，再聪明的人失去耐心，都会螺旋下降，慢慢变笨，一事无成。资质一般，甚至看起来笨笨的小孩，只要有耐心，都会越来越聪明，成就一番事业。得到并保持耐心最好的办法就是真诚。骗人、作弊、偷懒、巧言令色，都是常见的不真诚，暂时尝点小甜头，代价却是从此失去了耐心。孩子真诚的最好表现就是父母在与不在一个样，老师在与不在一个样。当然，一下子完全做到是不可能的——父母、老师不在眼前，难免放松一点，甚至犯点小错——但有这个追求，就会自我纠正，小错不会变成大错，只会变成“微错”，最后不错。达到这个境界，你年纪再小，都是了不起的人。

祝开心。

连岳

一个小学生，如何帮父母？

连叔：

您好！

我是一名五年级的小学生，我的成绩在班里名列前茅。最近我了解到父母因为疫情每天都在为家庭开销而发愁（这是我每天晚上都能听见的）。我哥哥明年就要上初中了，而家里开销本来就多。现在我看到父母头上的白发，就想为他们做点什么，但我不知道自己能做什么。

求回复。

迷茫的小学生

迷茫的小学生：

首先,你不要太担心。父母当着小孩议论的愁事，一般是能解决的。疫情也到了收尾阶段,这三年防疫，把病毒由强防到弱，大多数人也打了疫苗，这为生活恢复正常，经济重新增长奠定了基础。大到国家，小到你们家，钱都会多起来的。

中国古人说，祸福相依——坏事处理得好，会变成好事，祸中生出福，所以坏事发生时，不要太害怕；好事处理不好，会变成坏事，福中生出祸，所以好事发生时也不要太放纵。这话是非常有智慧的，比如疫情，从来都是坏事。历史上发生疫情时，人类往往只能被动挨宰，以死伤惨重的代价熬过去。这次，中国这个有十四亿人口的大国，主动撑起一张保护伞，在接近三年的漫长时间里，挡住病毒的一次次攻击，降低死亡率，获得全球同期最好的经济增长，这是人类防疫史上的第一次。这说明中国人的动员能力、组织能力、行动能力上了新台阶，也验证了中国的制造能力、科研能力、交通能力、信息能力、保障能力。只有生产力超强的国家，才打得赢这场大战。中国有了这些能力，那么，用来搞建设、反侵略，则什么强敌都不怕，什么奇迹都能创造。你说，这是不是把坏事变成了好事？

你只是一个五年级的小学生，能不能帮助父母？能。虽然你还不能挣钱，还得读十来年书才能成为一个高质量的成年工作者。但是，在你这一百多字的来信里，有强烈的心疼父母的感情——见不得他们忧愁，看不得他们的白发，这已经是在帮父母了。一个孩子开启心疼父母的情感开关，是成长的关键一跃。从此，他会站在父母的角度看问题。对人与人之间的关系，也会理解得更立体、更全面，能够同情他人的悲伤，能够考虑他人的利益。这就是我们传统中所说的“仁”的境界。“仁”字拆开就是“两个人”，处理好“我”与“你”两个人的关系，就是“仁”。有了“仁”，就有汇聚众人力量的能力。打开“仁”的开关，需要一个契机，有些孩子，一直到二三十岁，也打不开。我想，你们家若不是遇上暂时的困难，你也不可能那么早打开。你说，这是不是坏事变成了好事？

会心疼父母，那帮父母就简单了。父母想让你成为一个怎样的小学生？品德好，身体好，学习好。只要你是这样的小学生，就能为你父母省下大量的时间与精力。他们可以用这时间和精力来创造与工作，赚更多的钱；可以用来休息，这样能够更健康，更不容易衰老。所以，一个小学生，好好吃饭，早睡早起，好好学习，认真上课、做作业，眼里有活，自己能做的事自己做，有礼貌，好好说话，被批评了不赌气（或者半小时内消气），就是在帮父母了。想到家里有这样的孩子，遇到什么难关父母都能乐观应对。

祝开心。

连岳

爸爸的烦恼

尊敬的连叔：

您好！受母亲的影响，我读您的文章已有三四年了，常常被您积极进取、乐观向上的人生态度激励。最近我的父母一直很纠结，希望您能略微指点一二。我的父亲四十一岁，将要完成博士学业，母亲是自由职业。我们家在四线城市有两套房，属于中等水平，目前有一套房还有贷款。

父亲的就职单位是父母所纠结的，望您回信，给我们提些建议。目前父亲有两个选择：

一是当地的公立二本大学。有编制，入职工资约七千多，评上教授最多也就是一万多些。学校的工作量少，可以有很多时间做科研，额外收入主要看自己的科研能力，不固定。

一是以前的单位。是私立职业学校，没有编制，回去后待遇很好，年收入二十万左右，十万是基本工资，其他是绩效，完成后按比例发。目前学校博士不多，所以绩效考核细则还没有制定出来。学校的工作量大，课时量将近公立学校的两倍，做科研的时间相对少很多。

公立学校科研设备相对齐全，有科研团队，也相对好接项目。私立学校目前没有团队，设备少且不全，不少实验都不能在学校完成，会在一定程度上影响科研。

从离家距离上看：私立离家很近，步行可至；公立离家很远，需要半小时车程。

父亲喜欢科研，很享受攻克一个又一个难题带来的快感。父亲说他在哪儿都可以，是金子总会发光的，他尊重妈妈的意见，妈妈也不知道选哪个。

祝连叔连太身体健康，工作顺利，每天开心。

一个迷茫的小学生

一个迷茫的小学生：

你这个小学生不简单，开始考虑爸爸的就业问题了。

我们在做比较时，应该考虑一个大前提：在同等条件下比。

人们在讨论问题时会做大量比较，你仔细观察，就会发现他们往往忽视这个大前提，将不同时空、不同条件、不同性质的人与事进行比较，关公战秦琼，这样得出的结论是无价值的。

利用这个同等条件法，在对比两个选择时，我们可以假设一个同等条件，选择倾向一下就会清晰起来。

比如爸爸的就业选择，如果是同等收入，都是月薪七千多，或都是年收入二十万左右，那肯定选有编制的、科研条件好的、工作量不过重的、工作与生活平衡的、未来发展更有想象空间的公立二本大学。虽然远一点，但半小时车程可以忍受，不是影响结果的关键因素。

这样就找到迷茫的点了，是私立职业学校每年更多的十来万收入让爸妈舍不得。这钱其实也不好拿，要完成绩效，要超额工作，要放弃编制（也意味着未来更不确定）。只有极度需要钱，缺了这十来万就活下不去，才会接受这么苛刻的条件。

现在问题就变成了：你们家缺钱吗？

我看是不缺的。有两套房子，只有一套需要还贷，这说明住的问题不仅解决了，还有租金收入的可能。只要不愁住这个最大的生活成本，日子就很舒适了。妈妈虽然是自由职业（性质类似于连叔），但也有收入。你这个孩子，成长速度又很超前，估计也很让爸妈省心，补习费都能省下很多。在这种情况下，爸爸当然应该选公立二本大学的工作，暂时一年少拿十来万，可是生活的幸福度、在科研上的上升可能，都大大增加了。

祝开心。

连岳

三

自律——成为人生“大富翁”的锦囊妙计

作业与游戏，和一位二年级小朋友谈时间管理

亲爱的连岳叔叔：

您好!

我是一个二年级的小朋友。在学校时，没人想玩我的游戏，我有点伤心。回家后我管不住自己，总是想玩平板、看电视……作业都不想写了，每次写作业都写到十点钟。每次写作业时我都想赶紧写完去看电视、玩平板，所以，每次我写作业，妈妈都会发火。

妈妈为什么会发火？因为她每次下班回来都八点钟九点钟了，我的作业还没有写完。我理解妈妈，她下班回来很累，然后呢，我作业又没有写完，所以妈妈才会对我发脾气。我也觉得我自己很过分。我爸爸

呢，他每次回来有时间也不管我的作业，只管我睡觉吃饭。爸爸对我很好，他没有时间管我，是因为他每天要上班打卡，有时候下班也回不来。他是警察，很忙，现在不是有疫情嘛。就因为他是警察他一直很忙，所以没有时间管我，说着说着我都有点想他了。

我写日记只是想让付老师在全班同学面前读读我的日记，我只被表扬过一次。我不想要奖状。

我现在心里已经没有数了，总是想着玩平板、看电视、玩游戏机，我觉得再这样下去我的学习可能会退步。亲爱的连岳叔叔，我该怎么做才能管好我自己，不总想着玩平板、看电视、玩游戏机呢？我该怎么做？

阿瑟儿丰富的山山

阿瑟儿丰富的山山：

连岳叔叔要先和你道个歉，本来应该早点给你回信的。但因为每天要花很多时间看邮件，有时周末就会偷懒，想：休息一下吧，下周再看邮件。这样邮件就在邮箱里迅速堆积起来，一直到昨天，我下定决心把所有未读邮件读完，才翻到你这封邮件。让你久等了。

你看，连岳叔叔和你一样，也会为拖延所困扰。事实上，世上的所有人多多少少都会拖延。为什么会这样？因为那些在计划中该做的事，比如你写作业，我写文章，它们无一例外，需要大脑集中注意力，这会消耗大量的能量，大脑不愿意这样做。刚开始集中注意力时你会很抗拒、很辛苦（所以你做作业时就会老想着游戏），觉得时间过得很慢。你以为努力了很久，一看，才十分钟。进行玩游戏、看电视等娱乐活动时则刚好相反，大脑无须消耗能量集中注意力就可以获得愉悦，所以大脑就一直想获得这种低成本的愉悦，一开始就难停止。这也是为何嘴上说“我就玩五分钟”实际却玩了半个小时，因为时间过得很快，你以为只玩了五分钟，其实半个小时一小时已经过去了。

所以，无论是谁，小孩还是大人，只要起了“先玩一会”的心思，结果就一定会玩很久。再来做事时，时间就显得不够了，该做的事自然做不好、做不完，从而导致自己焦虑、内疚，还会引来他人的不满和批评。就像你妈妈，晚上八九点钟疲惫地回到家里，看你该写的作业还没写，她的感受应该很复杂：一是委屈，自己工作这么辛苦，孩子还在增添辛苦，下了班还无法放松；二是内疚，没办法花更多的时间陪伴孩子；三是害怕，万一孩子这种状态持续且放大，怎么办？这时候，她的想象力很惊人，想到了你以后会变成一事无成、游手好闲、为非作歹的二流子。这些情绪同时起作用，互相刺激，就变成了情绪炸弹，威力惊人。一件事情搞得大家都不开心，还影响了妈妈当晚的睡眠、第二天的工作。

应对方法很简单，把该做的事情先做完、做好，之后再玩。绝对不做“先玩一会儿”的事，做事时也别想着玩。连岳叔叔每天就是这么安排工作的——早上五点至八点间，会把一天最重要的工作写文章先做完，其他时间就不怕任何走神与干扰了。你一回家就

马上专心把作业高质量地写完。把该做的事情一口气做掉后，你会发现心情相当愉快。这种更高级的愉快，又会减少低级愉快的诱惑力，让你保持住好习惯。同时，这种愉快还会传递，妈妈下班回来，看到你这个做完作业、开开心心的小孩子，她的心情也会马上好起来，工作一天的疲惫似乎也消失了。此时，大人孩子都做完了一天的工作，一起聊聊天、看看电视，或者你玩玩游戏，其乐融融，这就是幸福家庭的样子。做作业、看电视、玩游戏，你做的事情还是一样多，结果为何大不同？安排的顺序不同，性质就不同。先工作再娱乐，那工作娱乐两不误；先娱乐再工作，那工作娱乐两耽误。学习好与学习糟，工作好与工作糟，人与人的差距，就在这个小小的安排顺序上拉开了。

顺便说一声，你的文章写得好。好文章就得这么写，写自己经历的事情，写自己真实的感受，这么写下去，无论这次有没有被选为范文，将来文章都能写得好。比如你写爸爸那一句“说着说着我都有点想他了”，就是神来之笔，爸爸工作的辛苦，孩子的思念，爸爸和孩子间真挚的感情，一句话全写出来了。所以也拜托你替连岳叔叔做一件事，替我拥抱一下你的爸爸妈妈，是那种深深的、长达十秒钟的拥抱。

祝开心。

连岳

小学生的大胜利

连岳前辈：

您好！

我是一个快升五年级的小学生，我之前看了很多您的文章，还专门买了一本《少年问答》，每天在家里看。这几天有一个问题在困扰我，就是关于零花钱的问题。

事情是这样的：我在家里闲得无聊，就想出去买点东西，因为我家离学校很近，所以到小卖部也很快。但我心里想着：到底是买还是不买？到底是不买还是买？买了浪费钱，不买，在家也无聊（我的奶奶爷爷顾着做饭和干家务活，也没时间搭理我）。最后想了

一下，还是去买吧（毕竟我的零花钱也不少）！当走到小卖部时，我才发现我要买的东西涨价了，到底是买还是回去呢？我又犯选择困难症了。我觉得买了很浪费钱，不买，老板看着我，我觉得有点丢脸。我想来想去，想了半天才发现我已经浪费了半个多小时了。老板盯着我，问我到底是买还是不买。我此时还是很犹豫，但最后我选择了不买。

到了第二天，我实在控制不住自己，又去小卖部了。“到底是买还是不买？到底是不买还是买？”这个问题一直在我的脑袋里回响，我感觉我已经没有了意识。突然又感觉这两个问题像小精灵一样，一个像天使，一个像恶魔，我实在是不知道怎么办了！此刻的我又没搞好学习，又浪费了很多时间，我究竟该怎么办呢？

Remain

Remain：

老板盯着你，你犹豫了半小时决定不买。在我看来，这时间花得值，不算浪费，你至少有两个收获：一是战胜了老板的心理攻势，二是战胜了自己的欲望。觉得沮丧和浪费时间的，应该是老板。小学生与老板的此类战斗，全国一天可能有一百万次，你是极少数能赢老板的，简直就是斗战胜佛。

斗战胜佛是孙悟空西天取经成功后的封号。斗战胜，是他不怕战斗、善取功绩。佛，是觉悟者的意思，即他通过降妖除魔的战斗获得觉悟，从此再无烦恼。

人的一生，和孙悟空的一生一样，也要敢于战斗，敢于降妖除魔。这妖魔也是心魔，赢了心魔，就得到了觉悟。

心魔有两大武器。一是外界的压力，因为同学们都这么做了，因为这很流行，所以，不愿做的事，损害自己的事，甚至是坏事，我也从众做了。这外界的压力就是盯着你，向你发动心理攻势的老板；二是意志的崩溃，嫉妒、易怒、虚荣，都属于缺乏意志力，瞬间表现为攻击他人与自大浮夸。扛不住压力的人无法像你一样权衡半个小时，他们想一秒钟就会爆炸。你能扛住压力，说明你小小年纪就领先了，以后的人生更容易降服心魔。

心魔是长期存在的，并非赢了一次它就会彻底退走，下次盯着你时，它的眼神可能更凌厉。“控制不住自己”的情况会经常发生——控制不住想去小卖部、控制不住想在课堂上说话、控制不住想不做作业、控制不住想玩游戏、控制不住想顶撞父母、控制不住想说同学的坏话。这时候想想你在小卖部战胜老板的斗争经验，控制不住就是损失，控制住了，钱就还在。控制住了，一切好东西都会增长，比如教养、学问、意志、能量。

人生拼的就是谁更能控制住自己。能控制住自己的人，并非永远不会失控，他们偶尔也会输给小卖部老板，但绝大多数情况下，他们是赢了的。失控之后，比如上课分心了、对父母师长不尊重了、对同学朋友不友好了、功课拖拉了，他们能很快意识到自己需要调整，像从瞌睡中猛然醒来一样。在这天使与恶魔的拉锯战中，人越来越能控制住自己，小卖部老板越来越绝望，这就是成长。

祝开心。

连岳

我等你长大

连岳叔叔：

您好！

我是听我妈妈读了别的小朋友给您写的信，觉得您的回信写得很好，所以才很期待地给您寄信来。

我今年六岁了，是一名刚刚升上一年级的小学生。我有一个问题很想问您：为什么我一见到手机就想拿到它，看它，一直看？为什么我控制不了自己？我很想改掉这个坏毛病，请连岳叔叔教教我该怎么办。请您在一个月之内给我写信来，等我长大后一定会报答您的！

祝开心！

萌萌的杨翔羽小朋友

萌萌的杨翔羽小朋友：

好，我等你长大。一个人长大、独立的时间点，我们一般会默认为大学本科毕业，那时你二十一二岁，我还得等十五六年。不过，我愿意等，人生有价值的事，都是需要等的。

看见手机就控制不住自己，想一直看。这并不只是你这个六岁小学生的毛病，十六岁，二十六岁，三十六岁，乃至九十六岁，一百零六岁，都会有这个毛病。可以说，只要是长脑袋的人，就有这个毛病。人的脑袋，有个设计缺陷，对轻松、快乐、容易成瘾的事物，天然没有抵抗力，即使这些事情长期来看是极其有害的，人的脑袋也倾向于投降，以马上获得快感。手机里面的大多数应用，都在利用人脑的这个缺陷，甚至用算法控制、放大这个缺陷，让你无穷尽地玩游戏、聊天、购物，浏览无聊的、恶俗的、迷信的、暴力的、下流的信息，它们占用你的时间越多，开发商获得的利润就越多。他们最不愿意看到的，就是你放下手机。

一个人只有意志力足够强，才能屏蔽这些诱惑，只把手机当成工作与沟通的工具，在必要时用手机，用完就放下。小学生，未成年人，意志力还弱，他们中的绝大多数都赢不了手机。也就是说，任由他们玩手机，相当于把鸦片扔给他们自由吸，自然迅速上瘾，极难戒断。他们从此不想学习、运动，完全没有耐心，不愿意做任何辛苦一点的事，永远长不大，没有未来。要避免这不幸，要改掉想一直看手机的毛病，有最简单可行的斩草除根法，就是接受这条规则：小学生（未成年人）没资格，也没能力玩手机。你碰都不碰，就不会受害。在某些情况下，不得不用手机，则自觉接受父母监督，用完马上交还。

现在当然没有这条法规，没人能够强制你执行，但是谁先这么自觉要求自己，谁就能在学习上领先。学习的第一步是什么？就是接受纪律的约束，在家听父母的，在学校听老师的。在这纪律的约束中，慢慢地，你在家能够按时作息，健康饮食（即使不合你口味）；你在校能够专心听讲（即使你很想讲小话），完成作业（即使很烧脑）。不知不觉中，你的意志力就在增长。经过十多年纪律的约束，父母与老师退出后，你也能自己约束自己，想让自己安定就能安定，并能迅速进入状态，于是教育圆满完成。到时你必能控制自己，把时间与精力放在有价值的事上。纪律的约束，不是不给你自由，而是为了让你的人生得到最大的自由。

像你这样的一年级小学生，最该做的事就是把纪律当成最好的朋友与保护者。它很严格，但它能让你远离危险，得到力量。

祝开心。

连岳

小孩的小修炼，大哲的大本事

连岳叔叔：

您好！

我是一名五年级的小学生，我妈经常给我读您的文章。我有一个烦恼，希望您能帮我解答一下。

我参加了学校的“晚托”，就是放学后可以留在学校做作业，晚上五点四十家长再来接。原来在“晚托”是不允许我们吃东西的，可是当我们班来了新老师后，很多同学就开始吃零食了，但我家里是不让我带任何东西的。

我还参加了学校的一个管乐团，团里也有很多人吃东西。我想吃东西的时候，就跟他们讨。管乐团的

老师要求我们不能吃零食，但是那些人还是偷偷吃。我想告发，但是没有证据。我跟他们讨，他们也经常不给我，我有点伤心。不过也有几次讨到了一小点。

另外，我在家里写作业的时候，也想吃零食，但吃零食会影响我写作业的速度。我该怎么办才好？

最关键的是偷吃零食的同学“运气”比我要好，他们带了那么多天的零食，都没被老师发现。可是我一讨到手，还没焐热呢，就被老师发现没收了。

在“晚托”和乐团里，我对零食的摇摆不定的态度，也让我对自己很无奈。

连叔，我该怎么办呢？

祝开心。

为零食而烦恼的少年

为零食而烦恼的少年：

学校的管乐团与晚托班不准吃零食，这个纪律是对的。

为什么新来的纪律老师最后基本不管你们，形同虚设呢？那是因为管理的成本太大，而放任不管的危害性暂时又看不出来。食欲是最难控制的，人一感觉到饿，比如到了晚托班时间，大脑就将一直驱使人吃东西——这个欲望不强烈，人类的祖先在食物匮乏期就比较难生存。但是“饱了便不吃”这个关闭功能又相当弱，近乎没有。这也与食物长期匮乏有关，到手的食物一下就吃完了，很难有吃不完的时刻，不必进化出关闭功能。等进入食物永远充足的新时期，食欲容易打开很难收敛的不平衡就带来很大的麻烦——中国人的超重肥胖率迅速上升，包括少年儿童。中国疾控中心公布的数据显示，中国6岁以下的儿童超重肥胖率超过10%，6—17岁的儿童及青少年超重肥胖率近20%。6岁以后的数据上升得更快，可能也与孩子上学了，有更大的自由度，可以接触各类零食有关。很多美味得令人上瘾的零食都有低营养、高热量的特点，好像只吃了一点点，却转化出了很多脂肪。

肥胖会引发很多疾病，但更严重的后果是让人处于“我明知肥胖不好，却又无法控制自己”的痛苦、怀疑与自我否定当中。也就是说，肥胖让人身心皆苦，灵肉俱累，损耗人最重要的能力——意志力。从这个角度来看，能控制食欲和体重，就能控制自己的人生。古人说：“世事洞明皆学问。”学问不仅仅是考试的成绩，生活中所有的事都隐藏着大学问，谁先发现这点，把学习从课堂延伸到全部生活中去，谁就真正理解了学习，谁就位于领先的位置。

大作家黑塞有本杰出的小说《悉达多》，书中的主人公是人类的重要影响者之一悉达多。他的大本事之一是什么？是你完全想不到的，也是你能做到的：

挨饿。饿了不慌张、不生气、不贪婪；于是他有了第二大本事：能持戒，也就是守纪律。人平静后，心神专注，就产生了第三大本事：善思考。这三大本事你在晚托班都能实践获得，所以，大人物不是做了什么特别难的事，大人物往往是做好了特别小的事。小学生做好了特别小的事，将来也能成为大人物。

你很幸运，你父母（还有其他长辈）明白这些小事的价值，所以他们控制你的零食，尽力让你吃得健康。但是如果他们知道你在学校不停地讨零食，估计会心理崩溃，从而放弃这个最重要的教育，索性也让你吃零食。这就太可惜了。所以，我还是建议你至少坚持一年或半年，不是因为老师管才不吃，不是因为其他同学都不能吃你才不吃，而是因为不吃零食本身是正确的、是有价值的。其他同学越是挨不了晚餐前的饿，越是违反纪律，老师越是不管，你的坚持就越有价值，因为学校教育的最大目标就是让人能够自我管理。晚托班时挨住饿，管乐团里守纪律，平静地做自己，这样就没有贪欲驱使你去讨零食，你也不会因生气而去“告发”同学。此时即使只有你一人坚持这样做，也不是吃亏，而是“占便宜”，是在成长上的大领先。我认为，这个领先的时间窗口也没有多长，因为我们的教育体系可能已经意识到了，让孩子保持身体的健美是一件极其重要的事，不能忽视。

祝开心。

连岳

我羡慕同学可以玩手机

连岳：

你好！

我是一名小学六年级的学生，我有两个问题要请教您：1. 怎样才能自律；2. 如何控制情绪。

我妈妈对我管得很严，现在也没有给我买手机，我特别 xiàn mù 别人有手机玩。在我们班很多人都已经有手机了，所以我总是想方设法地玩父母的手机。最近因为疫情，我被隔离在家，正好需要用手机上网课。所以我就偷偷地玩父母的手机，最后被妈妈发现了。我多次想约束自己，还做了一个时间规划表，但我每次想要努力时，都不够自律。请问怎样才能自

律呢？

还有就是我管理不好自己的情绪，常常为了一点点小事哭，但我也非常讨厌自己这样，我常常在哭的时候掐自己，但眼泪还是止不住地往下流。

happy

happy：

想哭就哭吧，这说明你不压抑情绪。掐自己，把自己压力搞得很大，不等于白哭了？在哭这个问题上，每个人都是不同的，有人爱哭，有人不爱哭，没有谁对谁错，如果哭一会就能总结、反省一件事，把自己调整到正确的、平衡的路径上，那哭反而是你的长处。想哭的时候，找一个安静的、不受打扰也不打扰别人的环境，放松地哭一会。当然，过几年，你长大了，变得不爱哭了，也没必要强迫自己哭。一个人的成长大目标就是学会接受自己与众不同的地方，不要自卑，想办法把它用好就是了。

如果说哭没有标准答案，小朋友爱哭、不爱哭，可能都是好小朋友。那么,手机问题是有标准答案的，手机对小朋友的成长是极其不利的。手机必然会使孩子沉迷于游戏、视频、社交，阻碍孩子学习能力的提升与习惯的养成，孩子永远不可能自律。给孩子一部手机，相当于给他们一把枪随便开火，是很危险的。

在手机问题上，我认为整个社会的反应是过慢的，应该像禁止未成年人吸烟一样禁止未成年人独立拥有手机（必须使用时，比如上网课，需要有家长的监督）。为什么禁止未成年人吸烟？因为不这么做，未成年人很容易由于好奇，叛逆，引诱（烟草商有很大冲动这么做），从众而吸烟，上瘾后对健康有巨大的危害。而未成年人手机上瘾，危害性远大于吸烟，不仅危害健康，更可怕的是彻底摧毁了意志，断绝了孩子养成自律的可能性。一个小朋友，可以一边听课，一边做作业，甚至不妨碍他成为一个意志坚强的人；但是一个小朋友沉迷手机，那是不可能兼顾学习的。

现在，防止手机摧毁孩子的任务，主要是由家长完成。只有像你妈妈这么坚定的家长——而且其他长辈还要统一思想，达成共识，都支持你妈妈——才能保证不让手机危害你。你那些有手机的同学，没有你这么好的家庭教育环境。有些家长没有意识到手机的危害；有些意识到了，但长辈之间没有达成共识，总有人偷塞手机给孩子；还有些家长意志薄弱，经不起孩子闹，妥协了。你不应该羡慕（xiàn mù）他们，而是他们应该羡慕你。漫长学习的主要目标就是获得自律，严格按照教育步骤，从婴儿 0% 的自律，到幼儿园小朋友 5% 的自律，到小学生 40% 的自律，到初中生 60% 的自律，慢慢提升自律能力，最后达到 80%——管得住自己，学什么、做什么，都有计划、有节奏、有耐心，偶尔走神、分心，能迅速自我纠正，这样即可宣布教育成功。自律的养成，不是一瞬间的工夫，而是一个十多年的过程。在这个过程中，你得依靠他律，得有人敢于不怕你哭闹、怨恨，严厉地坚持原则，只有一个非常非常非常爱你的人，才能做好这么辛苦的事，这个人就是你的妈妈。好好配合她就行了，配合度越高，自律越快得到。

祝开心。

连岳

我千辛万苦地爱你们

连岳叔叔：

您好！

我是一名四年级的小学生，今年十岁，妈妈经常给我读您的文章，我也看过您写的《少年问答》。今天，我是来请教您问题的，我想请教您的问题不是学习方面的——虽然学习问题也令我苦恼——而是我睡觉的问题。平时姐姐在家，我都是和她睡，可姐姐只有周末或者放假时在家，所以周内都是我自己睡。最近我经常看一些恐怖的视频，导致我总想和父母睡。

有一次，我晚上想上厕所，上完后我又感觉太黑，不敢回去，我就叫妈妈。妈妈起来把台灯打开，不过还是很黑。但是妈妈感冒了，不能陪我一起睡，只好让爸爸过来，就这样，维持了一周。后来的一天晚上，我被噩梦吓醒了，之后我想赶紧再次入睡，可就是睡不着，连续几天都是这样。我的疑惑是怎么样才能忍住不看那些恐怖的视频呢？怎样才能克制住，不跟父母睡呢？望连叔帮我解答。

祝连叔身体健康！长命百岁！

flower 朵朵

flower 朵朵：

你看恐怖视频的动机是因为你的爸爸妈妈很温柔，你也很爱他们。

听起来很奇怪，但把事物发展的链条梳理出来，就不奇怪了。

一、很爱爸爸妈妈，不愿和他们分开，想和他们一起睡。

二、但是你十岁了，是大孩子了，没有理由和他们一起睡了。

三、除非……

四、你生病或者出现异常情况，比如……

五、做噩梦或者晚上怕黑。

六、可正常的孩子总是极少做噩梦，在自己家也不太怕黑。

七、除非受了刺激，比如……

八、看了恐怖视频。

所以，看了恐怖视频的结果就是妈妈或爸爸会陪你睡，你自己，包括任何人都不会“嘲笑”你，毕竟有了正当的理由。

你在潜意识里千辛万苦，曲曲折折地爱你的爸爸妈妈，挺让人感动的。我觉得，你可以表达得直接一点，虽说各种学术书、成长理论都要求十岁的孩子自己睡，但“尽信书，不如无书”，真想和爸爸妈妈睡，就直接一个星期提一两次要求，让他们满足你。我也建议他们满足你。我认识一个姑娘，和外公外婆感情很深，一直到读初中，寒暑假与外公外婆团聚，还死乞白赖地强行在外婆床边搭床板一起睡，大家也拿她没办法。我的意思不是你到初中都会如此，很少有孩子对长辈的甜蜜依恋能维持那么久，一般来说，再过半年或一年，你还是很爱爸爸妈妈，却可能变得矜持起来，再也不愿意和他们一起睡了。好好享受这段时光，爱无固定的模式，有的孩子，就是想和爸爸妈妈睡得久一点，那就久一点。这没有错，只有暖。

祝开心。

连岳

写给新学期即将进步的你

连叔：

您好！

我马上就要六年级了，五年级的暑假就剩几天了。现在的我害怕进入六年级后会退步许多，害怕考不上理想的初中。

一年前家长就开始控制我使用手机的时间了，但只靠他们允许我使用的那点时间好像并不能满足我，于是我就开始看别人的手机，被发现了也就收敛一阵子，过上一周就又回去了。每一次看好长时间手机，作业马马虎虎完成或者真没有完成时，心情就会不好，后悔看那么长时间手机，结果下次还这样。最近有一段时间我不再看那么长时间的手机，好像心情变好了许多。我也明白这些手机上的软件是需要我们来控制的，而不是来控制我们的。可我总觉得这些想法不能在我的脑子里待很长时间。家长也想过很多办法，有点用又好像没有用。虽然现在我不会看很长时间的手机——这个暑假，家长把我的注意力放到了电视上面，我和家长看了好多电影——但我不确定以后能不能保持。

我也有目标，以我现在的成绩再努力一下应该可以考上我的理想初中。老师对我的印象也很好，但我却总是有种感觉，感觉六年级会有所退步。希望连叔给我一点建议，给我打一个预防针！谢谢！

一名小学生

一名小学生：

我和你的感觉刚好相反，我觉得你这个学期要进步。

主要的证据就是你“心好”。所谓的“心好”，就是心里有变好的强烈愿望，在家长与老师管理、指导自己时，不是对抗的，而是配合的。在你们的一起努力下，一切对学习的干扰都会被排除。你一定能够战胜手机。

一代人有一代人的学习干扰。不被干扰的学习是不存在的。你们这代人的干扰就是手机。如何战胜手机，就成了你们成长的重要内容。不能胜，那成长将出现大障碍，一个孩子沉迷于手机，无心课业，则必将失去意志力、专注力、知识，甚至健康，别说读不好书，将来都无能力正常地生活。手机对他来说，就成了精神毒品，从小就控制他，随着时间的推移，戒除的难度将越来越大。即使成年后能戒，可是求学的时光已经流逝，老大徒伤悲。

战胜手机，两个条件具备即可：

一是家长意识到手机的危害。老师一般都意识得到，学校也有严控手机的环境，关键在于家长要有意识。如果家长不管，或有某个家长老塞手机给孩子，那孩子战胜手机的可能性几乎没有。这个管，还要有耐心、有韧性，不是管一次，管几天就放弃了。到孩子手机重度成瘾了，又以为骂一次、打一次，采取极端手段就可立马得到一个好孩子。良好的教育是经常关心、长期监督、掌握动态、建立互信。家长要和孩子一起不停地找办法，陪孩子度过动摇期。这种不急不躁，本身就是重要的教育，很多重大问题的解决都不可能一蹴而就，需要反复尝试，永不放弃。你现在有了这个经验，以后在学习与人生中遇到难题，会有更多应对的办法，这也会使你更大胆。

二是孩子的配合。孩子阳奉阴违、寻死觅活，甚至有极端的孩子，手机一被收就威胁要跳楼，那家长、老师真的没什么办法，只能听天由命了。孩子配合，那战胜手机相当容易，使用时间到了，把手机上交家长，就是这么简单的事。这点，你现在也表现得不错。

当然，进步一定有反复。再优秀的孩子，也会犯错误，偷懒，撒点小谎，管不住自己，但他们这么做后，就像你的感觉一样，会“心情不好”，然后开始寻找帮助，自我纠正。这种练习多了，一起心动念，自我纠正就会相应出现。你的意志力能让你按计划行事，少受，甚至不受干扰，完成计划后，你也会“心情很好”。一个人接受漫长的教育,就是为了最后成为“心好”的自我进化者、自我实现者。

祝开心。

连岳

四

人际大难题

爱你，与你何关？

连叔：

您好！

我是一名九岁小学三年级的学生。自从开学以后我就自称坐了一个黄金位置，因为我坐在了我喜欢的女同学旁边。可是好景不长，6月3日中午，班主任要求我们两个人换位置。下午，我要重新写一篇作文，就想借她的来做参考，可她想都不想，就直接说“不行”。晚上，回到家以后，我就一直骂她忘恩负义，因为在这之前，我每天都带一本书借给她看。

第二天，我想都没想就直接用红笔在手掌上写了“我要和你绝交！”这几个字，走过去给她看。她满脸笑容地说：“好的，友谊的小船就这样被风浪打翻了。”我马上就后悔了。这几天我想理她，可她却不理我。请问连叔，要怎样才能让她再理我呢？

轩轩小坏蛋

轩轩：

你自称小坏蛋，看来真的挺后悔。

我能理解这后悔，从你简单的描述来看，这位女同学不简单。不自觉地喜欢她，想和她当朋友，是很正常的，估计喜欢她的不止你一个。

从我这个成年人的角度看，她的过人之处有两点是很多成年人都做不到的：

一是她坚持自己的原则，敢于拒绝别人。借不借作文给你参考，就像借不借钱给你一样，肯定是她的权利，不借并没有错，她有很多正当的理由，比如写的内容不想让你看，或者她认为不符合老师的要求。如果她本来不想借，但碍于你一直示好，违背内心勉强自己借你，那太像一个普通人了，反而降低了她的可爱度。

二是她遇上大事很镇定。面对你的绝交宣示，一般人的反应多是生气、震惊、悲伤，情绪起伏很大。但她笑容满面地接受，很有风度。

她宠辱不惊，你给她甜头，她不违背自己的原则；你给她威胁，她也不惊慌失措。你怎么变，她都是她，并不会迎合你。我挺佩服你看人的眼光，这样的女同学，确实值得亲近。

知道并欣赏一个人的优点，想得到她的友情，唯一的办法就是配得上她，和她实力相当。我们一辈子，通过这种方式，能从许多好朋友身上学到他们的优点。因为不想失去朋友的爱，我们会变得更好。

所以，你也要成长为宠辱不惊、有大将风度的男生。她不借你作文这种事，以后不仅不能生气，还应一笑置之，毕竟，你借书给她看，不是为了控制她，急吼吼地求回报。况且，她看你的书，未必就是得你好处，相反，可能是她给你好处，因为，她可能并不想看那些书，她可能并不缺书看。成年人也常有这种认识误区，把我认为的好当成大家认为的好，比如认为我请你吃一顿饭，你就欠我人情，可是别人又不差这顿饭，花时间陪你吃饭，说不定才是给你人情。你现在学会换位思考，长大后就不会犯这种愚蠢的错误。

一个强大的人，爱人，对人友好，不是出于算计而是受他们的本质驱使。强大就是输出爱，输出友好。就像太阳只会发光，它温暖你，不指望回报。爱的最高境界，就是爱你，与你何关？不过是因为我觉得对而已。

被拒绝，甚至被背叛，难免会发生，因为这种事，我就变成一个令人讨厌的人，那是弱者的做法。强者，应宠辱不惊，不管环境如何、他人如何，我总是在发光的。

你可以先从当一个强大的小学生开始。

首先，专业要强，小学生的专业是学习，学习努力，成绩出色，天然容易获得友情。

其次，该认错就认个错，只有强大的人才不怕认错。找合适的机会向她道个歉，说句“对不起，我太冲动了”。当然，她若不原谅你，或者你们的友情没有恢复，你不要又生气：哼，我都道歉了，你为什么还不对我好？那样就又犯了指望他人和世界按自己的要求做的错误。

专心做对的事就是了。面对暂时的不满意，要像你的女同学一样，以笑容回应。这样的人，谁都想当他的朋友。

祝开心。

连岳

如何交朋友？

连叔：

您好，我关注您是因为我妈妈，她是您的忠实读者。我是一名六年级的快乐学生，最近几天有件事情把我的快乐之心打入了海底，令我郁郁寡欢。

我有一个好朋友，用大人的话说就是他身上有种社会人的气息，满嘴都是网络用语，可能是因为这点吸引了我，所以我和他成了朋友。虽然妈妈觉得他和我习性太不一样了，但是又觉得我应该和不同类型的人相处，所以他到我们家玩，妈妈一直都是热情招待。每天也会给他准备一份奶一份水果，让我上学时带给他。直到有一天妈妈忘准备了，他勃然大怒，我气愤

地表示我带是情分，不带是本分。他居然一脸嫌弃地说“滚滚滚”，然后扬长而去。

这件事伤透了我的心，几天后他厚着脸皮找我要吃的，我要求他先道歉，结果他又发怒了，又开始说“滚滚滚”。

本以为我们就这样互不打扰也挺好的，结果他得寸进尺，在班上公开诋毁我，各种胡说八道，一切反倒都成了我的错。我想与他理论，但是我真的说不过他，而且我觉得因为这样的事情去理论太无聊了。原本我一直想，反正我们一个月后就毕业了，不必去理会他，但是每天看见他又让我很生气。我也知道如果他知道我生气他会很高兴，但是我就是很生气。

连叔，我该怎么办？盼望连叔能指点我摆脱他。

忧伤的小鱼

忧伤的小鱼：

交朋友是一生的学问，其中的尺度、技巧与分寸，可能要花一生去摸索。但最核心的价值，就是你在这次事件中体现出来的两点，一是待人真诚，二是当对方触犯底线时，你不是一味退让讨好，而是清晰表达自己的立场。看得出来，你的家教好，你不会缺朋友的。

不要怀疑你自己的真诚，它是交朋友、做事情的关键所在。真诚是不是一定换来真诚？不是，有一大半概率换不来真诚，就像你这次一样倒霉。付出的心与物，被人利用，被人轻视。最初遇到这种情况时肯定是不开心的，但如果连叔现在碰到与你一样的情况，却是开心的。为什么？因为我把这种付出当成识人的成本，坏人坑你一次，你看破他，把他踢出你的世界，他以后就害不了你，损失是一次性的。损失七八次、十来次，你总能结交到一个值得尊重的人，他将使你的一生受益，你说值不值？这里说的受益，不是指获得一点吃喝，占点便宜，这反而是忌讳。值得尊重的人，整个人都是优秀的，他的责任感、生活方式、观点、方法，你都能借鉴，都有益于你的成长。一个值得尊重的人，身上有一个值得尊重的生态，这是巨大的价值。

所以，不要怕坏人，坏人会用另类的方式教育我们。现在，我很同情他们，他们是用浪费、败坏自己一生的方式提醒我们不要犯同样的错误。我们要怕的是，离不开坏人。有的坏人很有迷惑性，伤害着你，又让你看不透他，如果你性格软弱，摇摆不定，往往就会被坏人控制。不少成年人也因这类损友苦不堪言，难以自救，惨的人甚至赔上自己的人生。坏人坏得彻底一点，让人生气，那反而没有迷惑性了，是件好事。

吃一堑，长一智，在这次事件中你获得的交友技能是，不被外表的酷欺骗。长得漂亮帅气，能说会道，甚至热情洋溢，被这些表象吸引后，还要观察一段时间，看他是不是真的酷。真酷的学生，一要能做到认真学习（他们成为大人后就会认真生活），这是有责任感的体现；二要不占别人的便宜，这是有自尊的体现，他不会见利忘义；三要不说老师、家长与同学的坏话与谣言，这说明他公正。观察半个、一个学期，证实他确实值得尊重，再进一步交换真心与礼物，分享妈妈的爱。

祝开心。

连岳

我的老大朋友

连岳叔叔：

您好！我是一名二年级的小学生。今天看了您写的关于朋友的文章，我有相似的问题想跟您请教。

我有一个好朋友，她总是把自己当作老大。做游戏的时候大家都要听她安排，不听的就不能一起玩。她还不允许我跟另一个同学交朋友，我只能偷偷地跟那个同学交朋友。

爸爸让我不要跟她做朋友了，但是我其他的几个好朋友都是跟着她玩的，如果我不跟她做朋友的话，她就不让她们跟我玩了，我会觉得很孤独，而且我已经习惯被她控制。我要怎么改掉这个习惯呢？还要不要继续跟她做朋友呢？

希望连岳叔叔快点回答我。

开心的小学生

开心的小学生：

你已经习惯被她控制，那么，这种关系就是不健康的。在这段关系中产生了两个受害者，一个是控制你的她，一个是被她控制的你。如果持续发展下去，她将慢慢变成一个控制狂，朋友讨厌，也给家人带来无尽痛苦。你将变成一个软弱者，终生为人所控制（因为控制狂总能盯上软弱者），你等于失去了自我，成了可怜的奴隶。

所以你爸爸的建议是对的，你应该及时调整这段友情。这样你们两人才都能健康成长——她知道控制你，你会反抗，会离开，她会失去朋友，她终将学会尊重别人；你知道要珍惜自己，尊重自己，终将独立而坚强。你们彼此都从对方身上得到了养料，变成了更好的自己。这个改变只能由被控制者、被压迫者发起，因为控制者、压迫者很舒服，没有改变的动力。你承担起了让两个人变好的责任。

改变，没必要宣布断交，不当朋友，你只要正常行事即可。朋友光明正大地交，不要像做贼一样“偷偷”交。玩游戏要公平地玩，大家都可以发表意见，如果非要听她指挥，你就不玩。这么做以后，你猜测的事可能会发生，她控制几个小朋友孤立你，逼你认输屈服，让你觉得“孤独”。不过，这个孤独是好事，是一个意志坚强的人必须经历的，早一点经历更好。你将来要做大事，做重大的决策，都会有孤独时刻，周围的人怀疑你、远离你、嘲讽你、挖苦你、敌视你，你也绝不能屈服。软弱的人受不了孤独，成不了大器。

仔细分析一下，就知道她孤立你的成本很高。她得笼络、威胁其他几个小朋友，这消耗她的力量，包括物质的力量（她可能得“贿赂”小朋友）与精神的力量（她总在算计、搞“阴谋”，精神会高度紧张）。其他小朋友在这种关系中，也像你一样不舒服，她们也随时准备“叛离”，她们的联盟是极其脆弱的。就算她能牢牢控制这几个小朋友，可是小朋友那么多，你跳出这个小圈子，到处都是不受她控制的、可以成为好朋友的小朋友。事情于是演变成这样——你自由自在、开开心心地交到新朋友，她却痛苦不堪地维持着不起作用的“包围圈”。你说，谁会赢？当然是你会赢，胜利总是属于正义者的。她若不改正，过一段时间，她就是孤家寡人。

事关自己的独立、尊严与自由，则不能逃避斗争，越逃避越没有出路。这就是毛主席说的“打得一拳开，免得百拳来”，美军强大到不可一世，装备简陋的志愿军也“一拳”将他们打上谈判桌，然后有了现在的和平。斗争有成本，打一拳自己也会痛，但这是最小的成本，最小的痛，从此别人不敢不尊重你，不敢再惹你。这样的国家，才是强大的国家、负责任的国家；这样的人，也才是强大的人、负责任的人。

祝开心。

连岳

爱就这么来了

连老师：

您好！

我是一名正在读五年级下学期的女生，是二年级时转到这个学校的。这个班级有很多谁喜欢谁的事（影响学习的那种）。最近我也在感情上遇到了一些问题（貌似是被影响的？），这还得从上一个寒假说起。

快放寒假前的那几天，每天放学我都会遇到一个男生，他也是乘我乘的那班地铁自己回家。由于我每天自己上学太无聊了，于是就和他一起乘地铁放学。他成绩不算好，总有很多题不会，我就在路上教他。放寒假了，我突然发现他虽然成绩不好，但人品挺好的，只是用功用错地方了。因为放假太久没见到他了，所以我就开始想象（与其说是想象还不如说是脑补）他的性格和样貌，我把好多优点都安到了我想象的“他”身上。就是从那时候，我发现我还挺喜欢他的。整个寒假，不学习的时候，我都在想他。

开学后，我想让他看到我优秀的一面，每一节课都坐得端端正正的。有一次我偷瞄了他一眼，发现上课从来不听的他也坐得端端正正的。后来，我悄悄告诉了闺蜜我喜欢他的事，闺蜜又在上课时悄悄告诉了他。下课后他就跑过来说了一通话，我记不清了（大意是他也喜欢我很久了），只记得我害羞得要死。从此以后，我去哪儿他都跟着我（我上个厕所他都在女厕所外面等着）。后来，我渐渐讨厌他这样了，而且发现他并没有我想象的那么好。更让我讨厌的是大家都说我是他的“老婆”（……我们班同学真是让人无语，不过还好我马上就要上初中了），还说他那么差为什么我会喜欢他，眼光好奇怪。于是我只好逃避，每天看到他过来就逃。再后来，我说不喜欢他了（真话），还说我喜欢上我们班最好的那个男生了，又说他“出轨”了（他是喜欢过另一个女生，但是那都是以前的事）。他听了后表情很绝望（我也后悔了）。

现在，大家都让我们复合，可我不想。我只想安安静静地学习，做一个学生啊！我不想再这样下去了，我要断绝我们的关系，可是又不知道该怎么做！我宁愿做一辈子“单身狗”，哈哈哈（苦笑）。虽然疫情（可能）让我们不会再见面，但是我的心里还是忘不掉他！我已经不喜欢他了，但却还想着他！这是为什么？？？我知道学生该以学业为重，但我就是无法拒绝他，让他绝望、伤心。我该怎么办啊？！是该忘掉他或者找他说明白吗？反正我是不想再和他好了（本文有点乱，感谢您花了大把的时间看这篇乱七八糟的文章）。

您的粉丝那么多，我也不太可能被看见了……写这封信就当是自我安慰吧！打扰了！！！（但其实我还是想被看见的。）

五年级的朋友

五年级的朋友：

你真是处于一个神奇的班级中，大家感情都比较早熟。早熟不是错，就是长得比较快而已。你们班的好处是，大家对感情都有平常心，也宽容，不至于一个小朋友谈了恋爱，就流言蜚语满天飞，搞得他（她）承受不了舆论压力，精神受伤，荒废学习。

经一事，长一智。当然，对经历的事，要仔细分析得失，这样智才能长出来。不然的话，大家都过一生，经的事差不多，就应该有同样的智慧才对。事实并非如此，人与人的差距最后可能非常大，云泥之别——高的云那么高，低的泥那么低。要成为视野开阔、变幻万千、自由自在的云，只有一条路径：从我们经历的每一件事中得到养料，无论是好事还是坏事，无论是顺还是逆，无论是喜还是悲。

你这次“恋爱”，可以得到的养料大致有以下这些：

一、你不可能是“单身狗”。你是一个主动进攻的女生，又很理智，感情萌动之时也是在“不学习的时候想对方”。知道自己想要什么，但又不会头脑发热，孤注一掷，情感与理性平衡得很好。有这特质的人，尤其是女生，怎么可能单身?

二、爱让人变得更好，这是判断爱的唯一标准。爱让普通的他想变优秀，让优秀的你想更优秀，爱的力量就是这么大。一段感情，如果让你变坏，流失力量，对生活与世界的信心降低，那就不是爱，即使有爱的名义。

三、爱可能转化成恨。爱一个人而得不到他；我认为你应该爱我，而你竟然不爱我；被分手，爱而不得之时，爱都面临转变成恨的风险。而且这种转变往往是在当事人毫无知觉的情况下发生，就像被病毒感染一样，到症状明显时，可能已难治愈。一个充满恨意的人，就是一个被毁掉的人。被他恨的人，爱恨转换的风险也会提升。一段感情，这样收尾，是大失误。但人却常有这种失误，分手时说一些伤人伤己的假话、狠话。你想分手，如果说不出很高明的话，实话实说就行：我现在完全不想恋爱了，没感觉了，只想努力读书，希望你也努力读书。这样既说了真话，也不伤人。

还有，我们忘不掉一个人，不一定是爱，可能只是记忆深刻而已，我们一生忘不掉的人很多，这可能是让我们提醒自己应该对他们常怀感谢。即使有一些人让我们不愉快，他们也起到了反面教材的作用。而那些愉快的记忆，就在脑子里给它们一个温暖的小空间吧，没必要刻意遗忘。

祝开心。

连岳

我找不到情投意合的好朋友，怎么办？

连岳先生：

您好！我十一岁，四年级。我的学习很好，成绩排班级前三。我从小就爱看书，我认为如果我懂得多了，也许对生活有用，可以让我交到很多朋友。于是我让父母给我报了特长班、俱乐部、读书会等，因此，现在我多才多艺，知识渊博。但我发现，这些知识在生活中不常用，而现在很多同学都不进行课外阅读，所以我也找不到情投意合的朋友，为此我很苦恼。连岳先生，请您帮帮我。

祝身体健康！

无聊的才艺

无聊的才艺：

不要担心，有才艺不会无聊，知识也不会无用。才艺掌握得越多，知识越渊博，说明你越聪明。人之所以要求学，就是要变聪明。从不聪明到小聪明，从小聪明到大聪明。

一个人不上学，就会变成文盲。或者上学了却不认真学，同样的问题，家长、老师教育十遍、百遍也不上心，敷衍了事。这样的人难免就困在不聪明的境地，学不会别人的先进经验，没有耐心处理眼前的难题，履行不了应负的责任，一生跌跌撞撞，迷迷糊糊，很辛苦，也很可惜，等于浪费了这一辈子。

但是，一个人上了十多年学，拿到大学毕业证书，多才多艺，知识渊博，也可能只达到小聪明的层次。他们求学的目的，只停留在证明自己比别人聪明，比别人有更好的名次，上了更好的大学，有更好的工作、更好的收入。比不上我的人，应该羡慕我、服从我，自惭形秽。总而言之，他得到能力是为了炫耀。炫耀权力与财富，会遭人反感，招来反噬。炫耀知识，本质上是一样的。总想着把别人比下去，总要证明别人不如自己，那么，难免身陷冲突，令人敬而远之。

所以，人一定要进化到大聪明，才算是真爱学习。孔夫子说了，假爱学习的人为人而学，把知识当装饰品，真爱学习的人为己而学，用知识提升自己。这样的人，即使环境不好，人事不利，也可以从中学习，不停地向上突破。一个人到了这种境界，就能天天长知识，内心又很平静。他在人群中时，总是能说别人熟悉的、能理解的话语。他独自一人时，又能在深沉的阅读与思考中获得乐趣。你才十一岁，也可以到大聪明的境界。和同龄人玩的时候，了解一下他们的话题，不要嫌他们笨、嫌他们不爱阅读，他们毕竟还是小孩。自己在家时，要继续保持爱看书的习惯，书里有人类有史以来最聪明的人，他们都可以当你的朋友，爱看书的孩子是不会寂寞的。这样，你既能合群，又可独处。知识、才艺与爱好，让你可进可退，可行可止，怎么会没用呢？只要用对了，就有大用处。

祝开心。

连岳

我小气吗？

连岳老师：

您好！我是一名四年级的学生。期末考试完那个中午，我请两名同学来家里玩，想请他们吃零食放松一下。到家里后，我请他们吃了雪糕等零食，我们还一起看了 iPad。但是他们俩吃了我很多零食，我很生气，可我不好意思和他们直说。等他们吃好，我的零食已经所剩无几了。他们有说有笑地回家了，也没有和我说些什么。

我因为这件事情愁闷了一个下午。晚上妈妈下班回家，我把这件事告诉了她，可是她却说对同学不要太小气。我一听就更加生气了，于是说道：“我请他们吃零食本来是想让他们放松一下，谁知他们吃那么多。我不开心，下回我再也不请他们吃零食了。”

难道我真的是一个很小气的人吗？下次他俩来我家，我要不要阻止他们吃我的零食呢？虽然妈妈说零食吃完了还可以再买，但我为什么还会一直闷闷不乐呢？

祝连岳老师身体健康！

一位生气伤心的男孩

一位生气伤心的男孩：

你当然不是一个小气的人。小气的人怎么可能请同学大考完吃零食放松一下？你闷闷不乐，是因为没有控制好预算，是事情没做好的懊恼。再大方的大人，如果原来准备花两千块钱请客，最后花了一万块钱，也会责怪自己，虽然钱可以再挣。

人是社会动物，也就是你一定要与他人建立联系，生活与事业才能够展开。你的朋友，品德越好，本事越大，越有利于你。请客是最隆重的联系，你要付出真金白银和不可再生的时间——一般只会给最亲的家人、最好的朋友。请客的学问很大，你只是四年级的小朋友，没有做到位很正常，我五十多岁的人，也不敢说自己每次请客都是完美的。

在我看来，你这次请客，没人做错了。

你的同学，乘兴而来，兴尽而返，这表示你这个主人的招待到位，很对客人的胃口。你端出的零食，他们不吃，或勉强吃一点，那才是你的失败。

你妈妈教育你“不要太小气”，虽然有点偏离议题，但也可以理解。毕竟，小气是人生的大敌，她太害怕你变成一个小气的人了。小气有些天生的因素，如果后天的教育还没把一个人的格局打开，那他的人生就会非常贫乏。人是先给予，才能得到的。不能为他人创造价值，自己就没有价值。小气的人，从不给予，拒绝为他人创造价值，最后也就没有价值。小气还与短视、贪婪息息相关，真可以说是恶之母。

当然，大气不等于傻大方，不问缘由，动辄把自已所有的东西给他人，那也只会引来邪恶的人。大气是用最恰当的方式做事。我们的传统文化最看重“仁义”,“义”的意思为恰当。恰当地做人,就是“仁义”。仁义体现在生活的每一个细节里，当然也体现在请客中。你以后不是不该请客，而是应该学会怎么恰当地请客。吃太多零食，其实不利于健康，你这两个同学如果因为吃了太多的零食，回家不吃饭了，他们的父母是不满意的，可能还会埋怨你和你的父母。下次请客，你拿出恰当量的零食，不太少，也不太多，那就方方面面都完美了。任何事都不可能一次做好，但总是会越做越好。

祝开心。

连岳

痛失闺蜜

连叔：

您好！

我是一名三年级的小学生。我妈妈经常带我阅读您的文章，我觉得您的文章特别好。最近，有一件非常大的事情一直缠绕着我。

时间飞逝，我和我的闺蜜从一年级走到了三年级。我一直把我知道的所有事情都坦诚地告诉她。她性格开朗，上课遵守纪律，字写得也很漂亮。她喜欢交朋友，也交了很多朋友，其中就有我。她还经常 copy 我的作业，因为她经常不复习。以前我觉得无所谓，因为她是我的闺蜜嘛。现在，copy 我的作业似乎已经成了她的一个习惯，而我却慢慢知道了这样是在害她。她是我的闺蜜，我不能害她。所以我就开始阻止她copy我的作业。但是她就会拿我们的关系来威胁我，说："怎么了，抄点作业都不给抄了，我看你是不想和我做闺蜜了吧。"我只有她这一个闺蜜，我不想轻易丢掉她。虽然我知道这不对，但却一次又一次掉进她的陷阱里。

最近，我当选了大队长，我非常非常开心。我闺蜜却开心不起来，因为她也参加了大队长竞选，但她没当上。她只得了八票，而我得了二十二票，我以二十二比八的优势当上了大队长。之后她就对我爱搭不理的，不再陪我一起玩了。我觉得很孤独，也很难过。

两周后，我又交了一个新的闺蜜，也就不再和她一起玩了。当知道我交了一个新闺蜜之后，她就很生气。她对我说："人一生中只能有一个闺蜜，你现在有了两个闺蜜，你打算怎么做选择？"我说我无法选择，很难选择。因为如果我选了新闺蜜，她一定会非常生气，甚至会和我绝交；但是如果我选她，我也已经知道她根本就没有把我当成她真正的闺蜜。我又反问她，那

你为什么对我爱搭不理的。她说是她妈妈不让她和我玩的，因为我当上了大队长。我的心受到了极大的伤害，就因为她妈妈的一句话，我们三年的闺蜜情就破碎了。

最近，我发现她对我喜欢的那个男生异常热情。我就问她："你喜欢他吗？"她说："是。"可是以前我们发过毒誓，我们两个不会同时喜欢一个男生。今天，我又从另一个朋友那里得知：她当初就没有把我当闺蜜，只是骗我玩儿的……

连叔，我已经难过了三周了，她怎么可以这样对我呢！我妈妈也一直安慰我，还让我理解她，说她落选了一定也很难过。我真的很难过，不知道什么时候会开心起来。我妈妈建议我给您写求助信。如果您不回复我，我也可以理解您，因为我妈妈说有很多人给您写信求助，您没有那么多时间一一回复，但是可以试试看。如果您回复我了，我将非常开心，非常感谢您的回复。

祝您身体健康，万事如意！

一名悲痛欲绝的三年级小学生

一名悲痛欲绝的三年级小学生：

想要化解失去一个朋友的悲痛，其方法是多交几个朋友。你很出色，又可以在两周内交到新闺蜜，这方法你掌握了，多用，朋友多多益善。

阻碍你多交朋友的是你前闺蜜说的“一生中只能有一个闺蜜”。按这句话的逻辑，你确实不能再交新朋友了，你可能为难在这里。

我告诉你，这句话不成立，可以从以下几方面判断：

一是你前闺蜜自己就没有遵守这规则，她对你爱搭不理的，还不和你玩。所以，你也没有遵守的义务。谁制定的规则，谁就必须带头遵守这规则。

二是这规则本身也不合理，即使她可以带头遵守。《小学生守则》里有“团结同学”的要求，所谓的团结，就是多交朋友，包括多交“闺蜜”，不能限制自己及他人和一（几）个人玩。包括之前她表达的“是闺蜜就得让她抄作业”，其实也是违反《小学生守则》里的“不说谎话”的诚实原则的。小朋友间有很多约定，判断其合不合理，就看它有没有违背《小学生守则》。如果是违背的，你遵守了反而是坏事。就像约定一起去偷东西，那肯定不能答应。

三是出现在你课文里的那些非常伟大、非常潇洒的人，朋友都多。孔夫子说：“三人行，必有我师焉。”说明他自己会交朋友，也鼓励学生交朋友。三个人在一起，你就要多聊聊、多问问，其中必有你的老师。“择其善者而从之，其不善者而改之”。好的，跟他学，不好的，不跟他学。这样我们会进步得很快。中国人，世世代代都是孔夫子的学生，要听他的，而不是听你前闺蜜的。

小朋友间总是有很多约定，让人眼花缭乱，不知所措。判断其是否值得遵守要看它是否符合最基本的规则？是否符合传统美德？是否双方都能遵守？不符合，你就不必遵守，即使不小心答应了，也可以不遵守。我们自己发起的约定，也要符合这原则。不能发起坏约定。

你前闺蜜的几条主要约定，比如让她抄作业，只能有她一个闺蜜，都是可以不遵守的。这些也说明她想用这些控制你，不当她的闺蜜你能重获自由，是好事。当然，不是说她是一个坏人。人的成长，总是要通过这些碰撞、悲痛完成的，当你朋友越来越多，学习越来越好，她发现控制不了你时，就会知道自己错了。或长或短的一段时间后(短则几个月，长则几年)，你们可能又会成为闺蜜。

祝开心。

连岳

Hello
Thank you
very much!
Bye!

五

对症下药，学习一点也不可怕

为什么我总是不会写作文？

连岳老师：

我是一名二年级的小学生，在给您写这封信之前，我已经阅读了《少年问答》的一篇文章，叫《不要对自己说：我好辛苦》。读完之后，我还是不会写作文。我写作文时老是把一些废话写出来，老是写得不通顺，而且老把“的”“地”“得”放错地方。

所以想请您帮忙。

晴空万里

晴空万里：

你会写作文，你的这封信就是一篇作文。文章的长短并不重要，《论语》记载孔夫子的思想，其中大多数文章长度都不如你这封信，有的只是一句话，但这本书却是中华文明史上最重要的书籍之一。你一定背过李白的《静夜思》，总长度只有二十个字，其中“月”与“头”还重复使用，用字只有十八个，可是，这诗像月亮一样美，价值和月亮一样长久，像乡愁一样永恒。所以，只要你能写下一句话，你就能写文章，写文章不是难事，人人都会，始终要记住这点。

但在考试中，作文的字数有最低限制，不得少于若干字。李白写二十个字交卷，也是不及格的。考试是通过一定的行文长度考核学生的综合写作能力——看看他们词汇量的掌握情况，表达的准确性，叙事的条理性，论理的逻辑性。这会让小朋友，包括家长，都以为文章越长越好。其实不然，只要你把想说的话说清楚了，文章越短越好。考试中的作文只是文章中的一类，绝大多数文章，是像你今天写的短文章。

平时这种短文章写得多了，考试的长文章也就不可怕了。学生怕写作文，一大原因就是只在考试时、老师布置作业时才写作文，放弃了生活中写作文的机会，那考试时自然不会写，这也导致了许多成年人不会写文章。

文章要写好，多看多想多写而已，其中多写是关键，多写可触发自己多看多想。你只要每天写一篇短短的文章，几十字，百来字，以后的文章不可能写不好。就算你考试作文分数不高（有时这种倒霉事会发生），你也一定是会写文章的人。你能通过文章不走形地表达内心的爱与观念，你的生命质量更高。

也许你会头疼：我一个小学生，有什么可写的？很多成年人也同样头疼：我一个普通人，有什么可写的？任何一个人都是独一无二的，只要他有自己的生活和真实感受，就有独一无二的、无穷无尽的东西可写。小学生可写的东西更多,因为许多事情对他来说，都是人生第一次。比如你说“的”“地”“得”分不清楚，那最近可以围绕这点写文章，每天订正一个错误

的句子，花几个月时间搞清楚，作文就能领先一大步。“的”“地”“得”不仅是小学生的难题，还难倒了许多大学生。

拿一个本子，专门写文章。每天就写短短的几句话：记录一件开心的事情，一句老师同学说的有趣的话，你的一个奇思妙想，当天应做而没有做好的事……你可以找到许多主题写。

还有，养成与爸爸妈妈书面交流的习惯。妈妈今天特别漂亮，她做的某道菜特别美味，爸爸周末的陪伴令你感动，他的某句话让你有所领悟，都可以给他们写几句话，留张字条，表达自己的欣赏与爱。一家人也可商量好每周写这么一封信，说说自己的所得所想，不仅你的作文水平可以提升，爸爸妈妈的也可以。更重要的是，它累积起来，就是一部家庭史，也揭示了作文的最大秘籍：认真生活的人，文章必然更好。脱离生活的文章，写得再好也是假好，无法感动他人。

正如人生理想是逐渐实现的，文章也是慢慢变好的。指望看了一篇文章、一本书，就能马上写出好文章，这就好像你指望明天就能大学毕业一样，不仅不现实，还把心态搞得很焦躁，反而更不会写文章了。伟大的孟子曾经说过做人做学问的三原则：一是不能贪，放低期望值；二是不能忘，要经常练习；三是不能急，慢慢来。“必有事焉而勿正，心勿忘，勿助长也。”按这原则来，你写好文章是必然的，你读好书是必然的，你做好人也是必然的。

祝开心。

连岳

任何一位小朋友，都能学好语文

连叔叔：

你好。我是一个四年级的小学生。关注你是因为我妈妈。我以前看过你的《少年问答》，我也有一个问题想请教一下你。

还有两周就要期末考试了，我最近学习状态不太好。这次月考的成绩感觉比平常好一点，但又不是太好，语文 85.5，数学 98，在班级里排二三十名（班级一共三十八人），在学校里根本就不算什么，差不多六七百名（学校一共九百一十人）。但其实我一、二年级时学习非常好，还经常拿年级第一，但是从三年级开始就往下跌了，整整跌了六七百名，现在有时候还考八百多名。

而且因为我成绩的大幅度起伏，老师还经常觉得我能考好，但我觉得我考不好。老师的想法和我的想法不一致，老师就经常生我的气，上课的时候当众批评我，弄得我很没面子，放学之后还经常留我在学校里。

我想问连叔，我应该怎样才能上课不浮躁，好好复习呢？

——*(··· ♀♀ ···)*

连叔：

您好！

我是一名五年级的小学生，如今距离期末考试只有十天了，我还是决定给您写一封信。

我读您的文章也有一两个月了，想从您身上获得一点启示。在班上我的成绩算中等，语文比较差。自从三年级以后，我的语文就很差，三年级以前一直都在 95 分以上，虽然妈妈给我报了补习班，但还是没有什么效果。如今期末考试即将来临，语文我很想上 90，但又害怕上不了。前两次期末考试我都是 70 多分，让我快要失去信心了。看到勤奋的表姐如今参加中考，我又增加了一点信心。而我距离小升初也只有一年了，我能考进我想上的学校、想上的班级吗？我觉得我上完初中之后就上不了高中了，我很害怕，但又不知道怎么做。

我很想努力，但却又不知道从哪开始，现在连数学成绩也在下降，我真的很担心，求回信。

赣州的迷茫小学生

两位小朋友：

你们两位的来信提了同一个问题——语文差，怎么学好语文？所以合并回答。抱歉迟了近一个月回你们的信，帮不上你们期末考什么忙。不过，就算我及时回答，你们在期末考时也无法脱胎换骨，这是学好语文的第一个建议：放弃急功近利的想法。

但从今天开始，按我的第二条建议执行，到下学期期末，你们的语文一定会有大的起色，甚至可能名列前茅。

学数学与学语文，有一点不同——数学是学习逻辑体系，吃透基本定理，之后的万千变化，都可由定理推演而成；而语文需要大量的记忆，中国文字是象形字，多一点，少一横，都是错字，每个字都是一幅画，只能硬记。否则，看了都会，一写就错。而如何用好每一个字，尤其是数千个常用字，是一辈子的学问。一个字放在不同的位置，不同的语境，就会产生微妙的差异。只有能随心所欲用好这些字，才能传递出细腻的情感、深刻的思想，最终尽善尽美。

怎么把字用好？这也得靠记忆，你记多了大师们的用字，最后你用字也是大师级的。其实，就算手头只剩下一本语文课本，你也能学好语文，我们也要有只用课本就把语文学好的本事，不要依靠什么补习班。课本里的都是好文章，是那些作者们一辈子最好的文章，只学几个生字和思想，远远不够，把它们背下来才够。给自己一个任务——一篇课文，无论老师有没有要求背诵，自己非把它背下来不可。背诵好文章，是非常有趣的事，这是连叔常年的最爱。我每天都花时间背诵，有些书我能从头背到尾。脑子里记住的好文章多了，你走路时，坐公交地铁时，无聊排队时，等电梯时，都可在心里调出一篇文章仔细琢磨，像牛反刍，此乐何及？这样不仅文章能写好，你的心性也能安定。就这么一天天背下去，一学期把一本语文书背了，没什么难的，那时候语文想不好，都不可能。

祝开心。

连岳

粗心小孩细心术

连叔：

您好！

我是一名一年级的学生，我一直在看《少年问答》，也想收到您的文 zhāng。我想问您一下，我的成 jì 一bān，语文 99.5 分，数学一样，英语……就不知道了。暑假作业还有一些，但 lí 开学就剩七天了！！！我马上要上二年级了，我 zěn 么能 kǎo mǎn 分啊？我知道我要 gǎi 变自己，可就是那么 cū 心，我 xī wàng 连叔能给点 jiàn yì，拜托了。zhù 连叔身体 jiàn kāng，祝开心！

cū 心的小孩

粗心的小孩：

想改变粗心，是学习真正的开始。一个人学习好，水平高，往往不是他特别聪明，而是他特别细心。细心意味着有耐心、有条理。简单的题目他不犯错，复杂的题目他能慢慢找到突破口。

但粗心并不是想改就能改的，它会跟我们很长时间。连叔有些同事，读了很好的大学，很聪明，但也会像你一样粗心，常犯一些完全可以避免的错误，我在很长时间内的工作重点，就是改变他们的粗心。说这事有两个意思：一是不要一犯粗心的错误，就急着否定自己，很多读好大学的人，也会粗心；二是要做好与粗心长期缠斗的思想准备，再细心的人偶尔也会犯错，人可能永远都会有一点粗心，我们的主要任务是控制它、削弱它，让它小得不能再小。

人在两种情况下容易粗心犯错，我们反着来，不让这两种情况出现，就可尽量避免粗心。

一是拖拉，仓促完成任务。比如暑假快结束了才赶作业，这时你脑子里想的是完成作业，而不是准确地完成作业。这样的作业，大错小错定然不少。如果我们总是把最后的、最少的一块时间留给作业，就不可能减少错误。先把作业做完，这样时间还有剩余，可以检查作业，经过检查的作业错误自然就会减少。最重要的事一定要先做。

二是当粗心的人说完成时，其实并没有完成。写完作业的最后一个字、最后一个标点，就完成了，可以去玩了，似乎也没有错。老师或爸爸妈妈看到题目下全写上了字，也会认可你完成了。此时让你再检查一遍，你就会不情愿、不耐烦：我已经完成了，为何还要做检查？其实检查完成才是真正的完成，检查是做作业（任务）最重要的步骤，只是检查要靠自觉，他人很难核实,这就给偷懒留了机会。你真不想粗心，那就不要偷这个懒，把检查完作业作为真正的完成。

顺便说一声，养成检查的习惯后，整个人的生活质量与境界都会提升。你不会那么容易发脾气、责怪与批评他人，因为发作之前你会检查一下自己对不对、合不合理、有没有冤枉人；你不会那么容易上当（也就是变成了聪明人），各种各样的骗局、流言、误导，之所以得逞，与人们不检查、轻信有很大关系。而检查的习惯不主动养成，关键时刻不可能凭空产生，因此人生难免过得糊里糊涂。

某种程度上，我们学习的重要内容就是学会检查——检查自己的说法、他人的说法、权威的说法，找出其不严密的、不对的地方，这样就得到了新知识。

列表检查是很好的检查法，在本子上写下自己要检查的几个方面，一一对照，这样不至于放松疏忽，使检查流于形式，变成假检查。对于头疼自己粗心的人，比如像你，可能几乎每次都会粗心出错，有个反向检查法是学习检查术的最好入门：既然我一定会犯错，那我就一定要检查出一个错误，一遍找不到，就找两遍，找到为止。这样找半年，检查水平就高起来了，心不知不觉就细了，满分也就手到擒来了。

祝开心。

连岳

中国人天然继承的大资产

连岳叔叔：

您好！

我十岁半，在国外上学快三年了，现在在新加坡上国际学校，是一名五年级的小学生。我周一到周五差不多都泡在英语环境中，听的、讲的都是英语，只有在每天上午一小时的中文课上，以及放学后和周末才能讲中文、听中文。渐渐地，我的中文词汇量、造句能力、会写的字词就变少了很多很多。我有些时候说话，说着说着就不知道怎么表达了，家人说的一些词也听不懂了，有时候还用英文讲话的方式倒着说中文。我很担心，我不止担心不会讲中文，还担心不会

写作文。我不知道怎么才能不把作文写成流水账，不知道怎么写才能拿高分。

我学习、上课时手总是不知道放哪儿，一会抠抠手，一会摸摸头，一会抓抓腿，总之就是不知道放哪儿。总是摸摸这儿，摸摸那儿，导致我上课也不能专心。我不知道如何把手放好，专心听课不开小差。

最后，我总是忍不住看 iPad、手机、电视。总是看呀看呀，但看的时候，我又会想，万一我考试没考好怎么办？想去学习，但学习时，我又会想，要不看会电视？时间还早呢，一会学也没关系。我十分矛盾，学习的时候想着玩，玩的时候想着学习。我遇到困难容易放弃，所以很难坚持做完一件事。我希望连岳叔叔能帮帮我，解答我的疑问。

谢谢！

需要帮助的 Elsa

需要帮助的 Elsa：

你问了三个问题，后两个是同一类，即如何克服分心。你不知道的是，你其实已经解决这个问题了。因为你已经发现了分心的原因是什么——上课时乱动的手，做作业时电子设备的干扰——那就倒回来解决，上课时把手固定放在桌上，做完笔记后迅速复位（老师一般会要求学生坐得端正，主要目的就是为了防止分心）；做作业时远离电子设备，在自己的房间或学习桌旁，不放电子设备。

分心问题是影响学习的主要问题之一，只要人有心，它就存在。你十岁半要防分心，一百岁也要防分心，活着就要防分心。谁能不分心，迅速收心，谁就能在学习中领先。防分心的办法，两千多年前的《大学》里说了："定而后能静。"上课时管住手，做作业时远离电子设备，都属于"定"，履行"定"的仪式，心就能静。

接下来说说你担心的中文水平下降的问题。这个心担得好，你的问题都是触及核心的大问题，能够表述清楚这些问题，说明你的作文水平不错。

每个中国人一出生，就继承了一笔独有的大资产——中文是也。中文除了使用者多，更重要、也更具独特性的是，它的发展从没有断流过，没有剧烈地变形（仍然是象形字），没有被外来语殖民与取代。这说明什么？说明每一个普通的中国人都可以享受千百年来汉语发展的文明复利，就像上面说到的《大学》，"四书"，不是死的，不是只有少数专家才读得懂的，它们是活的，是普通人还在日用的。我们常说的话，仔细想一想，都有几千年的功力加持，经过一代又一代人的验证与发展。只有傻子才会丢掉这笔资产。这也为我们指明了提升中文水平的一个好办法，那就是尽可能多地背诵古代经典，从源头获取力量。我现在每天也背一点，但年纪大了，往往背了很快又会忘记，反而是在你这个年纪背的书，记忆犹新。你要从现在，记忆的黄金年龄开始，养成每天背一点经典的习惯，几则《论语》，一首诗词。背了或会忘，忘了再背，像刷牙、吃饭一样每天坚持，最后必然能学好中文。而且收获好中文是小,收获好人生才是大。

祝开心。

连岳

21
14

六

烦恼让人痛苦，也让人强大

教育最重要的内容是什么？

连岳叔叔：

您好！我是一名四年级的小学生，十岁，女生。自从上了四年级，我有种老想和父母对着干的感觉。一开始，我把这种感觉隐藏得很好，只在脑子里，不在谈话和做事里。但时间一长，就隐藏不住了。时间越是长，暴露出来的就越多。我妈教育我时，我还有种不服气的感觉。我不喜欢这种想法，每天都在问我自己：难道以后我每天都要这样吗？

请您帮我解决，谢谢。

四年级生

四年级生：

想和父母对着干，不奇怪，这是一种动物本能，表示你大了，可以独立生存了。十岁的哺乳动物，已经很成熟了，只有人除外。你还要接受很长时间的教育，才可能真正地、高质量地独立生存。

教育是学什么？这问题看似很好回答，不就是学校设置的那些课程，语文、数学、英语、体育、音乐、美术之类的。这回答没错，教育的重要内容确实是在学校逐级攀登，从小学生读到博士生，从小文盲变成大专家。但这是不够的,这还不是教育最关键的部分，只是一些技能。

最关键的是人要有礼貌。无礼之人,就是博士生，也没人喜欢他；有礼之人，你就是只接受了义务教育，也会受人尊敬。那文盲呢？有礼之人，就是文盲也会有幸福安宁的生活，只是现在义务教育普及，你们这代人不太可能有文盲了。

那礼貌是什么？这个问题还真是大。礼貌的范围非常广，贯穿生活的每一层面，但核心倒也不复杂，那就是不伤害人,不说不该说的话,不做不该做的事。你想和父母对着干，说一些伤他们的话，做一些气他们的事，真做了，就是典型的没礼貌。我知道不少小朋友是这么做的，把他们的父母气得半死，他们本能地抓住父母致命的弱点：无论我怎么无礼，你们也还得照顾我，你们终究是无法放弃我的。对这种行为缺乏反省与警惕，那就会长成一个无礼之人。在陌生人面前，他或许可以表演得有礼貌，但人一旦和他亲近，对他好，建立了稳固关系，他无礼的本质就暴露了，这种人，自己不会幸福，也无法给他人带去幸福。

一个人学礼貌，就是从对父母有礼貌开始。孩子和父母朝夕相处，父母的缺点与不足，无处遁形，孩子只爱大英雄，因此很容易小瞧、轻视父母，对他们失去礼貌。其实，即便你的父母真是大英雄，时间一长，你也可以在他们身上找到许多缺点与不足。在长久关系中，人容易失去礼貌，总觉得时间还多，我今天对你不好，明天补回来就是了，结果今天永远都是对你不好的今天，补回来的明天总在明天。

人总会不耐烦，也常有伤害他人的冲动，一个人越早学会用礼貌克制自己，他的精神力量则越早变强。你忍得越难受，进步就越大。

祝开心。

连岳

我为什么要那么累？

连岳叔叔：

您好！我是一名马上要上三年级的小学生，我上二年级的时候妈妈就带我一起看连岳叔叔的《少年问答》了。虽然有一些连岳叔叔回复大哥哥大姐姐的话，我还不是很懂，但是妈妈总会解释给我听，实在不懂时妈妈就说我要继续努力好好学习，以后就会懂了。我觉得连岳叔叔是最聪明的人，因为没有什么问题可以难倒他。

爸爸妈妈说我是优秀的，学习自觉，成绩不错，经常被老师表扬，同学也喜欢我。可是我觉得自己还有很多缺点，我很爱哭，容易不高兴、生气，但也爱笑。

我还很爱我的爸爸妈妈。

最近我很不开心，大家都还没有开学，我就要每天七点起床去学校集训，因为开学要去参加体操比赛。集训很辛苦，每天要在体育馆跑十五圈，还要训练很多动作，我很想妈妈和妹妹，尤其是妈妈。每天早上爸爸开车送我去学校我都要哭很久，我想妈妈，我不想参加那么累的训练，我想在家吹空调，和妹妹玩游戏、看电视、画画……干什么都行。可是妈妈告诉我，想妈妈是因为爱妈妈，但是如果每天都哭就影响了心情和身体，这样的爱不好，要克制，要我学会满足。如果我总是哭就要送我去学校寄宿集训，跟其他集训的同学一起。连岳叔叔，我总是忍不住想哭，我不想去寄宿，我想妈妈，怎么样才能让我不那么爱哭呢？

一个爱哭的小女孩

一个爱哭的小女孩：

若哭完你的压力会释放、心情会变好，其实我不反对你哭一会。很多人面对压力时，找不到释放的途径，其实很辛苦，甚至会被压垮。而你天然有办法，压力来了，哭三分钟就可以笑了，这是很幸运的事。每个人都有一些天生的独特之处，爱哭是你的独特之处，用得好，这独特之处就是礼物；用不好，用哭逃避学习与训练，以眼泪作为武器迫使父母让步，这独特之处就是缺点。可你没有，哭完照样完成一天的任务，你就属于会使用独特之处的人。在你熟悉这情绪的起伏周期后，甚至在哭之前可以先安抚爸爸妈妈妹妹："别害怕，别担心，接下来我要哭三分钟，调整一下自己。"这就变成了非常酷的事。所以，我们有什么独特之处，不同于他人的地方，没必要嫌弃自己，只要找到独特之处的正确使用方法即可。

这使用方法如何找到呢？比如任何一个健康小孩，都有潜力进行长距离跑步，做出令人惊叹的体操动作。可没有像你一样的系统训练，大多数人一辈子也无法长跑，在体育场跑一千米，他的心肺感觉就要爆炸了。而完成一个有难度的体操动作，更是极少数人才有的本事。你还只是这么小的孩子，在身体的使用方法上，就已领先别人许多，这将让你终身受用。没有让你想哭的训练，就没有这收获。

一切学习都是如此，学习就是得到正确使用大脑方法的过程，并用以解决难题。在得到这本事之前，会有一种“被强迫”的感觉，爱哭的小朋友总是想哭一会。几乎没有人天生爱学习、爱上学，人人都想玩乐享受。我想，每天送你去训练的爸爸也是一样的，但他还是得早起、工作，他却不哭。家里有两个孩子，你妈妈一天做的事可能更多，她也没哭。因为他们经过漫长的学习过程，已经没有了“被强迫”的感觉，他们会主动去学习、工作、照顾家人，承担起一切责任，这就是你妈妈说的“以后就会懂了”的事。如果你爸妈不负责任，也只想着玩和享受，那么，你和你妹妹就没房子住，连空调的电费都交不起，那真是要一天哭到晚——不幸的是，世上确实有少数这样不负责任的父母。负责任的父母没人强迫就愿意早起送孩子，去工作，忙碌一天，完成所有任务后再坐下来休息，很重要的一个原因就是当他们看到孩子的笑脸时，他们就觉得幸福，比吹空调、玩，幸福一百倍。

正确度过人生唯一的方法就是“我爱谁就要让谁得到幸福”。“强迫”孩子上学，养成好习惯，都会招孩子“恨”，父母为什么要做这种吃力不讨好的事？一起吹空调打游戏不好吗？那是因为他们知道，孩子只有好好学习、养成良好的习惯，将来才能应对人生难题，才会幸福。暂时被“恨”、被误解，即使需要躲起来哭一会，他们也愿意忍受。有些事情很辛苦，辛苦到我想哭，但我爱你，我愿意哭完后把它做好，这就是爱，我们就是这样彼此相爱的。

祝开心。

连岳

想减肥又管不住嘴，被体重困扰的小学生

连岳叔叔：

您好！

我先自我介绍一下吧！我是五年级的小学生，我是女生，很胖。才上五年级我的体重就超出了我的想象（我不太想公开我的体重）！

我一直想减肥，可就是管不住嘴。疫情刚开始的时候，在家里上网课，有时候课开始了我还没起床，就在床上上网课了。在床上边吃边听我觉得非常舒服，但是虽然舒服，我的体重却开始快速上升。具体的我也记不太清楚了，反正现在我连喝水，肚子都会大一圈。由于我妈做的饭太好吃了，我总是吃到撑了，还

想吃，于是体重再次快速上升。我也很苦恼啊，每次我们学校体检的时候都显示我肥胖，搞得我都没脸见人了。

我的奶奶也很胖，我看她每天晚上都揉肚子就问她为什么，她说这样子可以让肚子小下去。我也不是没尝试过减肥，我在我们家电视上练过Keep，可是就算我几乎每天坚持也没瘦下来啊！差点没把我气昏过去！！！

我的肚子很大，我每次穿完衣服都会照一下镜子看显不显肚子。有时我妈让我下去给她买个酱油啥的，我也懒得换衣服，穿着睡衣就下去了。但是下去的时候可不一般，走路都得吸着肚子。

我的朋友几乎都很胖，她们不怕显肚子就把肚子天天挺在外面，也不觉得丢人。我的家人除了我妈和我弟，其他人都很胖（包括爷爷、奶奶、哥哥、妹妹……），可能这就是遗传吧。我奶奶说等我长大了，长个儿时一抽条就瘦了。可是我不相信，如果我长不高呢？

哦，对了！老家附近有一个游乐场，那天我跟我弟吃完饭，奶奶就带着我们去玩了。我一进去就开始玩蹦蹦床，有一个小女孩挺瘦的，她就跟我说："大婶，你这挺胖呀！"我懒得搭理她，就去了另外一个蹦床上。后来的几天我一直在脑子里面骂她，当时我为什么不说："大爷，麻烦您让一让！！！"

连叔，我写信就是想问一下您能不能帮我？我好苦恼。

爱爬山的甜甜

爱爬山的甜甜：

你走出了解决肥胖问题的关键一步，那就是为肥胖苦恼。若像你奶奶一样不苦恼，那就只能一辈子肥胖了。

爷爷奶奶辈的许多人，多少都有点饥饿记忆，总是希望孙子孙女长得胖一点，再加上小孩胖起来粉嘟嘟的，也显得很可爱。你向胖奶奶请教肥胖问题，那一定得不到正确的指引，只能得到揉揉肚皮等着长大这一类没用的秘诀。在家里，你应该问妈妈是怎么保持健康体形的，她想保密和撒谎都不成。一个瘦的人，自有一套生活体系，你仔细观察她每天怎么吃的，运动量有多少，就能学到。

其实减肥没有秘密，不外乎吃得健康，运动足够，不让热量过多地变成脂肪。这么简单的事却很难做，以至于肥胖问题成为中国的大问题。2020 年 12 月 23 日，国务院新闻办发布《中国居民营养与慢性病状况报告（2020）》，其数据显示“有超过一半的成年居民超重或肥胖，6—17 岁、6 岁以下儿童青少年超重肥胖率分别达到 19% 和 10.4%”。也就是说，那个在蹦床上挖苦你胖的瘦女孩，成年后也可能变成一个胖子。我的意思不是你到时可以报仇，而是说肥胖已经是社会大挑战。肥胖会带来血脂异常、Ⅱ型糖尿病、高血压等，而这一系列健康问题都是导致更严重的心血管疾病的危险因素。

人的基因促使人本能地储存热量，进食又让人快乐，再加上富足时代无穷尽的食品供给，这三个因素一起作用，人很难管住嘴，肥胖问题几乎无解。不想肥胖，只能靠反基因设置的反人性行为，在想吃的时候不吃，在不想动的时候运动，当热量摄入与消耗达到健康的平衡点时，则人会健康，不肥胖，也不会过瘦，刚刚好。而且这反人性的行为，还无法一劳永逸，得时时保持，一放纵猛吃，短则一周，多则一月，就又会变成胖子，人实在是一架效率极高的热量储存器。所以对一个成年人来说，健康的体形就是他最好的素质广告。你在小学五年级就考虑健康的体形问题，我相信你能长成一个体形健康的成年人。人的自律一启动,解决肥胖问题倒也不难了。让妈妈协助你，制定一个营养食谱，其他东西就不吃了，尤其是高糖高脂的零食，再加上保持足够的运动量和睡眠，你很快就能得到健康的体形。

祝开心。

连岳

胆小的孩子更要放声歌唱

连叔：

您好！

我是一名三年级的小学生。今天晚上我很苦恼，因为学校老师打来电话，问我加不加入合唱团。我想了好半天也不知道该怎么办。我胆子比较小，但是我唱歌比较好听。我原来担心加入合唱团后可能要在大操场的主席台上表演，不过我又想加入这个合唱团。在爸爸的一番劝说下我感觉加入合唱团也挺好的，可是我胆子真的太小了，我还是十分苦恼要不要加入，这个问题好难啊。

一名苦恼的小学生

一名苦恼的小学生：

你要参加的。仅凭老师给你打电话，你就应该参加。

老师是长辈，他发现你的才能，想帮助你发展这才能，主动找你，这叫作“礼贤下士”。“士”是什么？是有自尊心的、有德有才的、想有所作为的人，你就是。士的德是什么？最基本的就是要能以礼还礼。来自师长的礼遇，更要用充满敬意的行为回报。

别人对我好，欣赏我、信任我、爱我，我回报他们冷漠、敷衍、欺骗、粗暴，那我就是一个无德之人。说实话，现在不少小朋友都表现得像一个无德之人，父母师长对他好，欣赏他、信任他、爱他，他却回报冷漠、敷衍、欺骗、粗暴。当然，责任不全在小朋友，主要是一些父母长辈也不知道这种行为的危害性。缺乏对这种行为的管教，就会把小孩养成孔夫子所说的没有敬意的“小人”。小孩会认为给他爱是应该的，越爱他，他越骄横，只要觉得接收到的爱少了一点，他就怨恨起来。这样的人会给别人制造很大的困扰，自己也活得痛苦，不改的话，年纪越大越痛苦。

所以，敬意教育是成长教育中很重要的环节。老师欣赏你，邀请你加入合唱团，爸爸鼓励你，你以答应加入回应他们，这简单的一来一往中就完成了一次敬意教育。胆子越小，你答应加入的价值越大。因为越是答应做对自己来说有突破的事，你表达的敬意就越大。这样做，最终的受益者也是你自己，将来你在大操场的主席台上表演，第一次肯定会怕，但你“不得不”挺住，你不必要求自己表现完美，70分就行。毕竟在合唱团，万一怕得第一句就忘了歌词，张张嘴，其他人唱出来后你就想起第二句了。第二次，你的怕少掉一半，四五次之后，你就一点都不怕了，胆子变大了。将来，你还能胆子大到在主席台上独唱，这是毫无疑问的。

这样一步步由弱变强，正是我们要在学校做的事，也是学习的方法与本质。在合唱团的经验，也能用到学语文、数学及其他一切课程上。学习与成长说简单，也很简单，就是尊敬那些尊敬你的、爱你的人。人有敬意，就能产生内驱力，就能自律，就能补强弱项，做事就会尽力而为。这样的人，必然是幸福的。

祝开心。

连岳

如何与惰性做斗争

连叔：

您好。我是一名小学二年级的学生。我有些事情想跟您说。我有一把小提琴，我想学，可是我却不愿意练琴，心里老想着：我为什么要练琴？我为什么不能不练呢？连叔，我的问题是：我想学琴，但是我不想坚持练琴。这是为什么呢？

一名小学生

一名小学生：

我想学，却不想练。这心态不仅在学琴中会出现，也会在一切学习中出现。这心态你有，你的父母也有，你的老师也有，我也有。只要想学习的人，就有。它不是可怕的事，反而偷偷泄露了如何学好的秘密。你是从一件小事中提出了大问题，善于提出问题是学习好的重要前提。

人想不想学，是由人的大脑决定的。掌管情绪的那部分大脑更原始，总是想做放纵自己，不消耗能量的事——贪吃，贪玩，贪睡，不想控制脾气，不想练琴，不想专心听讲，不想做任何作业，这些都是它最喜欢的。掌管理性的那部分大脑更迟进化出来，它总是在约束人，让人做更复杂更抽象的思考，让人遵守纪律，让人多做练习，让人控制自己，让人做更有意义却更累的事。所以，让理性控制情绪，后天控制先天，“好大脑”控制“坏大脑”，就是学习的主要内容，学任何东西都是相通的，都是在打造更有价值的大脑，增加“好大脑”的力量。

小朋友凭借自己的力量，几乎无法控制“坏大脑”。为什么？很简单，他们的“好大脑”彻底发育成熟，要等到二十五岁。“好大脑”又小又弱，“坏大脑”却已强大，这是孩子成长中最致命的问题。若任由“坏大脑”力量越来越大，就是到了二十五岁，“好大脑”长成了，也是没有力量的，只是“坏大脑”的奴隶。那样，人就极可能变成一个“坏人”，你羡慕、渴望的一切好东西都得不到，就像你渴了想喝水，但“坏大脑”却永远让你的嘴只能停留在水边。

要解决这个问题，健康成长，小朋友只有借助“外脑”——父母老师的“好大脑”，这就是他们约束小朋友的意义所在。他们的“好大脑”在控制小朋友的“坏大脑”，当然不是乱约束，是科学的约束，我相信，大多数负责任的父母、老师是做得好的。教育是人类社会的核心功能，中国又是传统的教育大国，两千五百年前的孔夫子一出现，就把教育提升到极高的水准，一代代中国孩子受此恩泽。在家里、在学校中，只要遵守一些经过数千年考验的基本原则，我们的“好大脑”就一定会越来越强大。“学而时习之”，老师、家长让你练习时，你就练习，这是一条永远正确的原则。你不愿意练习的时候，也能行动起来，那就是最长能耐的关键点，练着练着，“不亦说乎”，就会开心起来。

所以学习领先也有一条简单的原则，就是尽快去做别的小朋友都不愿意去做的事，一做起来，不愿意往往就忘掉了。

祝开心。

连岳

一名五年级女生的成长烦恼

亲爱的连岳叔叔：

您好！

最近我把您出的前两本《少年问答》都看了一遍，看到别的同学写给您的信后，我也想试着给您写信（希望您能回信），我有几个问题想问问您的意见。

先自我介绍一下，我是女生，今年将满十一岁，下学期就五年级了。

我的具体问题如下：

一、最近我和爸爸一起出去买东西，爸爸总不让我买贵的，总是让我买便宜的。比如我想买榴莲吃，爸爸说："我们不买，多费钱啊。"我为此和爸爸争吵过。

因为那次争吵，我再也不敢看心意买东西了，只敢看价格表。

二、最近我对自己的外表、穿搭都很注重。每次我都会为了挑选、搭配衣服，花费五到十分钟的时间。因为我怕有的颜色会显得我黑，不好看。我尊敬的奶奶，还有某本书上都说，女孩子小的时候不用注重自己的外表，衣服能穿就行了。可我认为，就算是小的时候，女孩也要注重自己的穿搭。

三、我还是班级的学习委员。在我们班上，老师告诉我们，学习委员的职责是监督大家的学习，帮老

师查看作业的订正情况。但是我认为自己很差劲：比如数学学得很困难，不会电脑打字（此篇文章是我的妈妈帮打字的）。班级的心理测试结果显示我有抑郁和焦虑的情绪，我不知道该怎么面对。不过，我的英语、语文、体育还是不错的。我觉得我不配当学习委员。而且我很注重别人对我的看法。您觉得我下学期还要竞选班干部吗？

希望您能帮我解开这三个问题。

祝您和您的家人开心。

榴莲披萨的见解

榴莲披萨的见解：

好，我们逐个讨论问题。

第一个问题是关于钱的。你很爱吃榴莲，爸爸应该适当满足你。我猜，他肯定是买过榴莲的。但榴莲是很贵的水果，不能每次都满足你。多数家庭，收入都要计划着花，不然到月底，就没钱了。即使少数家庭很有钱，榴莲可以随便买，我也认为，高明的教育是让孩子的消费随大流，别比同学好太多，最好维持在平均值。若孩子从小学会了拼消费、秀名牌，以物质优越凌驾于同学之上，那财富就是害他的毒药。你学会买东西先看价格，这不叫无奈，这叫量入为出，表明你已经有了最重要的财务知识。一个家庭，一个公司，甚至一个国家，想要经营好，非得量入为出不可，否则再有钱也会败光。

第二个问题是关于美的。用家长允许你穿戴的服饰，每次花不超过十分钟的时间，把自己打扮得更美，这是本事，也是美育的一部分。德智体美劳，美也很重要，我支持你。不仅是女孩，男孩也应该把自己收拾得清爽帅气一点。《论语》里说，虎豹如果把皮上的花纹去掉，它们看起来就像狗和羊。美不只体现在外表，也是一种能力。小时候缺乏美的教育与实践，大了也难补。小时候只会乱穿衣，大了往往也穿得尴尬。

第三个问题是关于学习的。既然学习委员这个位置能让你更有动力补强短板，那当然要继续竞选。泛滥成灾的心理测试，不要太当一回事。别说你班级里的心理测试了，我前不久去医院体检，也测出有抑郁倾向，可我明明是吃得香，睡得美，心态放松，超级乐观，一点抑郁的影子也没有，我肯定选择相信自己，忽略医院的结论。人只要想进步，必然有点压力，多少都能测出一点抑郁或焦虑，没有百分之百心理健康的人。学习不能急，按照老师与家长的指导一步步来就是了，在一个平台期起伏一阵子，练习与思考够了，突然就会有个突破，你就会达到新高度。好成绩，好时光，都是等来的，要有耐心。

祝开心。

连岳

我胖吗？

连叔：

您好！我是一名五年级的小学生。妈妈给我买了两本《少年问答》，我看到您解答了很多小朋友的疑问，我也想把我的烦恼跟您说说，殷切盼望能得到您的回复。

最近几个学期我真的有很多烦恼。我的学习一般般，身材有一点胖，在学校里甚至连好朋友也会开我的玩笑。我也想瘦，但我却怎么减也减不下来，我真的很困惑。我们班的一个女生学习特别不好，但因为她很瘦，而且长得也不错，所以很多人都会围着她转。

我是学舞蹈的，我的好朋友也是学舞蹈的，因为

她特别特别瘦，所以她老说我胖，我真不想和她做朋友了。

我不知道该怎么跟我周围的同学相处了，我不知道别人这么说我的时候我该怎么办，希望您看到我的来信一定要帮我解惑。

这个暑期我给自己定下目标，一定要瘦十斤，我对自己非常有信心，只要我坚持努力，每天早上跟妈妈一起出去跑步、跳绳，多游泳，多打羽毛球，少吃甜食，我就一定会瘦下来的。九月份开学的时候希望我能达到自己定下的目标，新的学期一定要成为一个全新的我！

盼望能得到您的回复！

一个烦恼的小女孩

一个烦恼的小女孩：

我对你也有信心，只要你“坚持努力，每天早上跟妈妈一起出去跑步、跳绳，多游泳，多打羽毛球，少吃甜食”，就一定会更健康。即使完成度只有七八成，无法“每天”做到，也很了不起。一个中长期计划（暑期计划是中期计划），一般不可能百分之百完成，由于一些主观、客观的原因，总有些天会出现没完成计划的情况。此时，有些人会灰心失望，破罐破摔，自我否定，然后彻底放弃计划。不要犯这种错误，重整旗鼓，明天接着做就是了。

你可能注意到了，我认为你按计划过完暑假，会“更健康”，而没说你会“更瘦”。为什么呢？就算你自认为胖，也举了同学笑话你胖的例子，可我还是无法判断你是不是胖。只有知道你的身高与体重，由此得出 BMI（身体质量指数），才能判断你是不是胖。如果 BMI 显示你健康，那么，再多同学笑话你胖，你也不胖。反而可能是你待在一个周围同学过于瘦弱的环境里，因此显得胖。说这话的意思是，我们不要轻易被舆论左右，只要我们自己是健康的，那么，舆论怎么说我们，都不必害怕。太多舆论是随意的、片面的、人云亦云的，甚至是捏造的、有恶意的、诽谤的。我们自己不能这样发表意见，有些人却由于本性不好，或缺乏教养，会这么做的，而且还会将之当成竞争手段使用，这是世界真实的、残酷的、丑陋的一面。如果我们看重他们的意见，那就会变成他们的“猎物”。

无论你是不是胖，你的暑假健身计划都很好。即使 BMI 判断你真的胖，这个计划也能让你瘦下来。胖不可怕，可怕的是一旦胖了就控制不了体重，越来越胖。一个人胖了，马上制订并实行计划，让自己恢复到标准体重，那么，他就体验了一次从胖到标准体重的过程，收获了、增强了自律。有这经验，在以后的人生中，他就更容易从失控回到可控，从非标准回到标准。太胖了，他可减肥，太瘦了，他可增肌；摔倒了，他可再站起，失利了，他可再胜利。

不要怕胖，也不要怕任何不利处境，我们可以把它视为增强我们自律性和韧性的大好机会。

祝开心。

连岳

GDP

七

现在为梦想奋斗，早吗？

发财之路从来不会出现太早

连老师：

您好！

我是一个三年级的小学生，我想成为富翁，请问需要具备什么条件呢？谢谢！

苗条

苗条：

一般来说，很多人听到三年级小学生的富翁梦，都会觉得好笑，甚至觉得不正当。但我听了很开心，你提了一个很好的问题，财富教育是基础教育中缺失最严重的一块，多数人只能成年后进入社会自行学习。那时候再学，就迟了一点，许多对财富的偏见过深，很难纠正，将极大地阻挠自己得到财富。

你已经开始富翁之路了——成为富翁的第一步，就是想成为富翁。如果不想，或者压抑自己的想法，成功率就会下降很多。中国的改革开放，第一步就是释放人们的财富梦想。“致富光荣”是当时响亮的口号，成为万元户（相当于现在的几百万元）还能上报纸成为新闻人物，获得政府的表彰。理念有了，行动就更容易。人本性想发财，想过好日子，若不敢承认，自我否定，那会精神分裂。

当然，从想到实现，中间隔着非常远的距离。多数人的财富之路，都是从积累本金，到投资，再到获得投资收益，逐渐滚动变大的。在这个过程中时间是很重要的因素，一个人的健康，就是其重要的资本。所以你应该从现在开始，养成锻炼的习惯，成为一个运动好手。这不仅很酷，也是在积累资本。另外饮食也要均衡健康，学校旁边一些来路不明的零食，不要去碰。

获取财富需要能力。中国古人说，书中自有黄金屋。意思就是从教育中获得的能力，可以让一个人致富。现在是知识社会，知识的更新迭代非常快，对学习能力的要求更高。教育中的优胜者，更有可能获得财富。一个人不学习，可能理解不了概率，无法掌握因果律，不能及时纠正自己的错误，也更没有耐心。财富不太可能看得上这样的人，意外发了财，他也守护不了自己的财富。所以，好好学习吧。学习得到的不仅是分数，这些分数将来会变成财富。

诚信也是一个人获取财富的重要品质。一个人要有信用，说话算话，人品过关，否则，交易就很难完成，也不可能有高质量的合作伙伴。有些骗子，有些偷鸡摸狗的家伙，可能暂时得逞，但一定要知道，那并不持久。只有讲信用，才能让你长久保有财富，你才能享受财富。

有意思的是，处于你这个年纪的小朋友，是最不讲信用的。说好最后玩十分钟，玩了一小时，被纠正还会生气翻脸（似乎违约还挺有理）；父母老师一不留神，就随便应付作业，偷玩游戏；轻易地下决心、许诺，但更加轻易地忘掉决心与诺言。这些事情也会发生在你身上，不必害怕，因为这也是你当前重要的学习内容，没有小朋友天生讲信用，人天生都爱偷懒与耍赖。当你自我约束的能力加强，自己应该完成的任务无须他人监督，你的承诺都做得到时，你就得到了最重要的财富技能。你可能已经制订了自己的暑假计划，高质量完成它，借此学习信用。

祝你暑假开心。

连岳

致一位未来的好作家

连岳叔叔：

您好！

暑假后我就要上三年级啦。我有个梦想，我想像J. K. 罗琳一样写一本小说，然后赚好多好多钱，可是我不知道要怎么样做，出版社才会出版我的书。

您出版了好多书，能教教我吗？先谢啦！祝您和阿姨安康！

tongtong

tongtong：

出版一本书并不难，你三年级就有这志向，今后坚持多阅读、多写作，把各门功课都学好，认真生活，到三十二岁时，像J. K. 罗琳一样出版自己的第一本书，是可以实现的。

多阅读不仅指数量，还指质量。一年读了一百本书是多阅读，一本好书一年读了一百遍也是多阅读。有些小朋友家境并不富裕，借书也未必容易，但不要气馁，把手头的语文书吃透了，写作文时正确使用每一个字、每一个标点，对每一个方法、每一个观点能够举一反三，灵活运用，照样能练出一身本事。

多写作不是指一开始就要写小说、写大文章。找一个本子，一句话也好，一段话也好，你觉得好，就写下来。写得多了，你看到的、你想到的，就能用文字准确传达出来，不会变形，这是最基本的，也是最重要的写作能力。

按上面的方法练两年，甚至更短的时间，你的作文就会经常被老师当成范文表扬。此时容易犯一个错误，即把所有精力都放在语文上，数学、科学、外语、体育等其他课程全不管了，只要作文得表扬就满足了。很多本来可以成为好作家的人，因为这个错误，就没机会了。作家需要世事洞明，人情练达。各门功课都好，掌握多种分析工具与思维方式，对写作是大有帮助的。不然当了作家也不入流，只会玩弄一点文字，呆头呆脑。

以后你出了书，能不能像 J. K. 罗琳那样赚好多好多钱，得看运气了，没有方法与路径可以让任何一个作家实现这个愿望，再有本事的作家都不行。书写得不比 J. K. 罗琳差的作家有不少，但都没什么钱。我很早就知道这点，如果指望写作赚钱，那可能得穷死，这对不起家人。现在我虽然比多数作家挣得多，但我的主要收入还是来自开公司与投资。

我不仅自己出书，还会推荐书，挑出那么百分之三四的好书，所以，我对各类作家、对出版的整个流程很熟悉。有一部分人是把钱放在第一位的，他们不

在乎书的质量，只是想尽手段吹嘘、营销，给读者洗脑，搞读者的钱，这些人出不了什么好书，偶有好书，也会被他们玩得变味。相反，把价值放在第一位的人，才能够持续产出好书，我只会尊重这样的人。我曾收到过一位大作家主编的一套书，翻开一看，竟是粗制滥造的“圈钱书”，这种书卖得越好越可耻。因为此事，他在我心中便“死”了，我还在办公室伤感了一会。我不会原谅故意出烂书的人，即使这书赚了再多钱。书是很特殊的商品，骗钱事小，骗了人家的时间，骗了人家相信错误的观念，那相当于谋杀。

你想当一个有责任感的作家，当一个伟大的作家，那就得把通过出书“赚好多好多钱”这个愿望划掉，书是给人价值、成人之美的，把书写好就行了。有钱是意外之喜，出书没赚到钱，没关系，我们用别的本事赚钱。

祝开心。

连岳

金融业的“后浪”，来了！

连叔：

你好！

三年级的我对金融非常感兴趣，喜欢看一些如何炒股票或炒期货的书。二年级的时候，我做了一个关于长大想做什么的演讲。我长大想从事和我父亲一样的工作，于是我就开始为我的梦想奋斗。可是对于我这样一个三年级的小学生，现在就为梦想奋斗，是不是太早了？

为难的钟同学

为难的钟同学：

一点不早，正是时候。梦想早点确立，是件好事。

一个人的梦想，只要符合两个条件，就是好的：一是有益的，二是需要努力才能实现的。一个人不努力，就能做有益之事，目前来看，是不可能的。

所以，小朋友不能说“我的梦想是不上学”，因为它无益，也不需要努力。也不能说“我的梦想是当小偷”，成为神偷固然需要努力，却损害他人利益，是有害的。

你的金融业梦想，符合好梦想的两个条件，没问题的。

但金融不只是炒股票、炒期货，炒股票、炒期货也不只是简单的买进卖出。它对学问与人品的要求，比想象的高得多。达不到要求的人，破产的很多，犯罪的也不少。你要实现梦想，我建议先做到以下几点：

一是好好学习。一个人从小学读到高中毕业，耗时十二年，主要是完成通识教育。所谓的通识，就是实现各种梦想所需的共同基础。在这个基础上，读不同的大学，学不同的专业，从事不同的职业，再逐渐细分到个人梦想的实现之路。梦想越大，今天上课越要认真，小事越要做好。

二是保有旺盛的求知欲。最成功的投资者之一，你将来的同行芒格说过：“我认识的聪明人，没有不爱读书的。”这里的爱读书，指的是没有学校的要求、纪律与考试，一个人主动地、持续地、系统地阅读，坚持终生。只有这样，脑子才不会僵化，做出的判断才能正确，不至于因为一个错误的判断毁掉一生的积累——而这在金融业并不罕见。

三是诚实。诚实是最安全的策略。要诚实到什么程度呢？诚实到父母不监督你，你照样能高质量地完成作业；诚实到无人监考时，其他同学都在作弊，你也不为所动。人生将会面对很多诱惑，有的人就无法保持诚实，容易别人作假我也作假，别人偷税我也偷税，别人犯罪我也犯罪。这样的人，再聪明都没用，爬得再高都会摔落。接触大量金钱的人，尤其需要诚实。

四是克制。管理好自己的零用钱，克制冲动的、不必要的消费，慢慢积累资金。管小钱与管大钱的原则是相通的，所需要的克制也是一样的。同时，也可在父亲的指导与监督下，尝试用自己的钱做一点交易，有点切身体会——赚的体会重要，赔的体会也很重要。

祝开心。

连岳

八

当挫折来临时

想变得更重要？要过两个心理关

亲爱的连叔：

我是一个五年级的小学生，我看了许多《少年问答》里的文章。每个学生都有不同的问题，当然我也有我自己的问题。

我在这次班干部竞选中当上了一名小队长，这无疑是我最大的骄傲。我努力给同学做好榜样，比如：在上课的时候尽量专心听讲，在课间也不打闹，还经常提醒同学们做好作业、按时提交作业。我的努力也得到了老师的认可，开家长会的时候，班主任特意表扬了我，说我在学习和生活习惯上进步很大；英语老师也表扬我上课很积极，作业完成得很认真。爸爸妈妈也觉得我第一次担任班干部，给同学做了好榜样，给了我很大的鼓励。

可是麻烦也随之而来。有一次我在升国旗的时候一不小心把少先队礼行成了军礼，同学们都嘲笑我——成绩好的说："××× 都不尊重国旗，还配当小队长吗？"成绩差的也起哄说："××× 不尊重国旗啦！ ××× 不尊重国旗啦！"这件事影响虽然不大，可我已经开始对我小队长的身份产生了危机感。还有一次，我在管同学的时候，有一个同学调皮地说："××× 就是个垃圾！ ××× 就是个垃圾！"我当时便用力打了他一拳，这件事在班里引起了极大的热议，就连老师都把我的小队长牌子收起来说，要考察我一段时间。

下个月就要进行第二次班干部评分，全班同学都会参加评分。我不知道自己的分数会不会很低，能不能重新回到小队长的岗位。

连岳叔叔，我该怎么办？

莫斯

莫斯：

无论能否重回小队长的岗位，我都觉得在这次经历中你收获很大。这次回不了，下次再回。而且你很快就要读初中了，可以在一个全新的起点继续努力。只要吸取这次的教训，你下次就能避开同样的风险，而这些风险是一定会发生的，吃一次亏，以后就不会吃了。

你危机的真正来源不是把少先队礼行成军礼，这是失误，但并非不尊重国旗，行军礼怎么就是不尊重了？尊重得很。如果真对国旗做了不尊重的事，小队长当场就会被撤掉。你在同学的议论中开始自我怀疑，认同这是“不尊重国旗”，不自信了，就会在乎别人的议论，被别人的议论牵着鼻子走。这是第一个教训，作为一个领导者，一个比较重要的人，你一定会有失误，也一定会被人议论。这议论有善意的，也有恶意的，不要在议论中迷失自己，坚持做正确的事。更不要试图说服恶意的议论者，既然是恶意，就是不可说服的，他们会不停地无中生有，转换议题，他们的目的不是寻求真相，而是击垮你。你只需要镇定，变得更重要就是了。攻击并毁灭对手，本来就是人类先祖的竞争手段，是动物本能，恶意议论就是这种本能的现代体现，小朋友的教化还没完成，这种本能更不会少。

第二个教训是什么？是不要被激怒。《孙子兵法》里的一大计谋就是“怒而挠之”，把对方撩拨到发怒失去理智，你的胜算就大了。那位嘲讽羞辱你的同学就是用了此计，也达到了目的。在以下对上中，“怒而挠之”是最常用的计谋，你同学不需要读《孙子兵法》也能熟练使用——我是一个普通学生，甚至是一个问题学生，我说脏话，我不守纪律，我欺负同学，没什么可失去的。你是小队长，你是老师表扬的先进学生，这些事情你都不能做，你回一句脏话都是输，没想到你还给了他一拳，输得更彻底。动怒是人进入战斗状态的标志，怒也是人的本能，所以制怒很难，是一生的课题；但总的来说，你所处的位置越重要，越不应发怒，你当了将军，那敌军怎么羞辱你，你都只能用理智应对。对方撩拨你，你却不能发怒，这是委屈吗？不是啊，这是你更重要、更聪明的体现。大英雄是不会理会小流氓的。

这次评分最坏的结果就是当不了小队长，如果你从此一蹶不振，自暴自弃，那就等于被议论控制了，被怒气控制了。你要表现出韧性，平静接受，继续用要给别人做榜样的目标要求自己，用表现说话，用成绩说话，赢得老师更多的表扬。不被逆境击垮，能屈能伸，这也是领导者应有的素质，需要训练才能得到。若最坏的结果发生，把它当成一次训练即可，好好完成它。

祝开心。

连岳

所有人都面临过的投票难题

连叔叔：

您好！

我今年刚上小学一年级，妈妈最近开始给我读一本您的书，叫《少年问答》。书里都是一些问题和回答，我听得懂，内容都很有道理。

我觉得上小学很开心，我也一直很努力。今天我参加了第一次班级“三好学生”的竞选，班里有二十几个同学上台竞选，最后选了十二个三好生。我只得了五票，排在了第二十名，落选了。我没有给我自己投票，因为我觉得我选的十二个同学都比我优秀，但是没有选上三好生我又觉得很难过。我现在有点后悔，是不是应该给自己投上一票，那么我就有六票了，我的名次就能离十二名更近一点了。我想了一晚上，还是很伤心难过，作业也不想做，日记也不想写。

一个小学生

一个小学生：

还好，三好生的选举每个学期都有，下次当选就是了。

那么，下次要不要投自己一票呢？

要的，无论你是离自己当选差十票，还是差一票，这票是否关键，自己投自己一票都是应该的，没什么不好意思的。

否则，就不合竞选的逻辑。你能参与竞选，那表示你是合格的。你也认为自己值得胜出，希望得到的票数越多越好，可结果却没投自己一票，认为自己不配——如果你真不配，那就不应该参加竞选呀。

从古到今，我们的文化一直要求人要礼让、谦虚。这是对的，它们都是可贵的品质，我们永远不能丢失。

但它们要处于合适的位置，以免失去应有之义。不然的话，礼让就会变成懦弱，不敢坚持原则；谦虚就会变成贪婪，刻意表演获取利益。这会让人变得自我分裂，自我冲突，显然不是教育的目的。所以，一个人应该既是礼让的，又是坚持原则的；既是谦虚的，又是充满自信的。孔子说过“君子无所争”,也说过“当仁不让于师”，就是这个意思。该坚持原则的时候，即便持反对意见的人数众多，也不能让。当然，这个不让不能以言语粗鲁、行为暴躁体现出来，你仍然应该有礼有节，“其争也君子”。

输了，反而要做得更好，这就是谦虚，认识并开始补强自己的不足。输了就“躺平”，那是不谦虚的另一种体现，骄傲的人，无法忍受一点失败。你从今天开始应更努力，这才对得起投你票的五个同学。他们也可以自豪地说：“我们没有选错人。”这样下次选举票才会多起来。

祝开心。

连岳

只得一票，光荣的失败

亲爱的连岳叔叔：

您好！我是一名三年级的小学生，去年九月份由原来的学校转到了新学校。这半个学年和同学们相处得挺愉快的，也交到了一些好朋友。但最近发生了一件事情却让我很伤心，不知道怎么办好。妈妈说，您经常帮小朋友解决问题，鼓励我写信给您。我也很想请您给我一些建议，希望您能看到这封信。

今天我们班竞选“三好学生”，竞选之前我信心满满。上个学期因为刚转过来，我没有参加竞选。但是这次我觉得我已经和同学们熟悉了，而且我的学习成绩非常好，上学期考了班级第一名（老师说不能公

开成绩，只偷偷告诉了我们前三名的同学）。竞选头一天晚上，我把一分钟演讲背了好几遍，最后背得滚瓜烂熟，演讲时我的表现也很好。本以为可以得到很多票，但结果却只得到了一票，还是我自己投的！我的一些好朋友说投了我，大概应该有五六个人吧，但为什么只有一票呢？我不知道是唱票的同学故意没有念我的名字——因为我和他们平时关系不太好——还是我的那些好朋友其实没有选我。总之，我觉得，只得了一票很丢人，有的同学还笑话我。我再也不参加什么竞选了，我觉得自己很差劲。我平时和大家相处得挺好的，结果为什么却是这样呢？

我该怎么想通这件事呢？我甚至不想去上学了，怕大家说这件事。请连岳叔叔帮帮我！谢谢您！

一只困惑的小猫

一只困惑的小猫：

你这是光荣的失败，不是因为太差而失败，而是因为太好而失败。从你这封邮件叙事的流畅与饱满来看，你的作文水平是远高于同龄人的。你还很快适应了陌生环境，拿了第一名，最后，你还有勇气去做许多人一辈子也不敢做的事：当众演讲竞选。

你这个刚来不久的转校生太过优秀，所以引起其他同学的排斥。这种排斥心理很复杂，主要是由小心眼、嫉妒，甚至是恨组成。你不用做任何猜想，也不要去责怪、怨恨同学。或多或少地经历这些不良情绪，最后战胜它们，将这些情绪转化成健康的前进动力，是人成长的重要组成部分。你的同学正在成长。你更不能选择“我索性不优秀”，而是要继续保持优秀，还要变得更优秀。这样同学们才能适应、接受你的优秀，并在这过程中心悦诚服地将不良情绪转为动力。所以，一个人保持优秀，是利己利人，是带大家一起飞。一个人迫于压力，不敢优秀，自我平庸，那是损己损人，因为同学们知道自己的不良情绪可以打击、摧毁一个人，他们就会更依赖、更多地使用不良情绪对付一切优秀的同学。这样对双方而言，成长的难度都大了很多。

光荣失败可遇而不可求，它的要件是一个人足够优秀，却要输得足够惨，就像你只得了自己的一票。如果事先知道这个结果，你不会参选，我也不可能鼓励你参选，因为这个结果太残酷，只有极少数知道其价值的人才扛得住。

光荣失败看起来是耻辱，其实是极有价值的。看到你只得了一票，很多人都会像我一样哈哈大笑。这笑不是嘲讽你，而是同情你（觉得你被不公平对待），喜欢你，佩服你。那些笑你的同学，以为自己是嘲讽你，表面上或许是这样，但他们不知道的是，在他们的心底，同情你、喜欢你、佩服你的情感也在产生。那些没有笑你的同学，对你的同情、喜欢、敬佩就更浓了。这些都是你下次竞选时的得票基础。光荣失败是少数人的幸运资源，不必躲，更不要怕人说，说得越多越是对你的宣传，下次竞选演讲时你还得提一提这次只得一票的“糗事”，同学们笑成一团，百感交集，你的票数少不了。

多年以后，你的同学们记不住今年的“三好生”是谁，但记得住你这次的光荣失败。他们将赞叹你的成就是从只得一票的最低点勇敢开始的。这种勇敢也是全体同学的精神资源，很珍贵。光荣失败过的孩子都是被命运厚爱的孩子。

祝开心。

连岳

孩子的经济课

连岳叔叔：

您好！

我是一名五年级的小学生，这几天一直有一个问题困扰我，就是关于合作和分成的问题。

前几天一股想自己赚钱的冲动从我心中蹦出。我问了妈妈，妈妈也非常支持我，我决定把我小时候的旧玩具和看过的旧书卖了。

后来，我又找到了一位志同道合的好朋友，上四年级的小A，她也有和我类似的想法，所以我爽快地同意了她和我一起做小生意。

那天晚上，我和小A一起到小区楼下的小广场摆摊，我们的摊位受到了许多小朋友的欢迎。有一个小朋友看中了我的手指陀螺，吵着让他爸爸买。我对小朋友的爸爸说卖六块钱，结果他爸爸嫌贵，不给他买（其实六块钱不算贵，我是八块钱买的）。小朋友就一直哭，他爸爸就假装要带他回家，小A看情况不对就急了，连忙降价，最后以两块钱的“高价”卖给了他们。我有点生气，但是卖出去也不好反悔。事后我生气地问小A：“你为什么才卖两块钱给他？”小A反而更生气地问我：“你就不懂察言观色吗？人家都要走了，你还卖什么？”我说：“你才不懂察言观色，他爸爸是骗我们的，是故意假装要走，然后等着你降价再买。”小A总是认为我的定价太高了，她认为一两块钱就行，所以我就不让小A继续管钱了。最后，在我们的共同努力下，共赚了十六块钱，我开心极了，在我看来，这是一笔“巨款”了。

我答应给小A三成，我干脆地给她五块钱作为报酬。小A看了看我手里的十一块钱，突然有点不乐意了，她想要七块钱。然后我们遇到了我的另一位好朋友小B。

小B了解情况后也认为我应该给小A七块钱，理由是小A给我壮胆，还帮助了我。但我认为所有的物品都是我自己的，小A只是出力，而且我们都没经验，壮胆是相互的。一开始也是小A自己说的她要三成，当时两人商量好的分成方式就不应该再更改，所以给她五块就不错了。唉，早知道我们当初立个合同就好了。

我们吵了半个多小时，最后我让步了，给了小A七块钱。结果让我没想到的是小B找小A要一块钱的官司费！小A只好给她了，最后小A实际只得了六块。后来我和小A又合作了很多“生意”，我们尝试过帮懒得下楼的人送快递、卖小玩具、卖气球等。我们平

时还会收集旧书、废纸、快递盒等，每周卖一次废品。

连岳叔叔，我想知道，那次摆摊的争执中，我们两个到底谁对谁错？合作做生意的时候到底怎么分成才公平合理？如果合作伙伴改变主意、想要更多了，我应该怎么办？我还想知道，小学生到底应不应该做生意，尤其是卖废品，小区叔叔阿姨的钱可不可以赚？

祝连岳叔叔开心。

钱钱

钱钱：

关于小学生做生意，我有几个建议：

一、要分清主次。什么时候都不能忘了小学生的主要任务是什么。小学生的主要任务是学习。其他一切，都要服从于这个主要任务。时间、精力要优先用来执行学习计划。如果因为做生意把学习耽误了，那就是主次不分，因小失大。

二、小学生当然可以做生意。做生意是有价值的社会实践。

三、我不太赞成攒纸盒、卖废品之类的生意。它没有技术含量，你学不到什么，又容易把家里搞得太脏，不美观、不卫生，也不安全（比如增加火灾隐患），得不偿失。还有，很多人视这些为相关保洁人员的补助，是对他们工作的感谢，我觉得这种默契合理、必要、温暖。

四、你和小 A 这种发生小小分歧与争执的生意，就能让你学到不少东西。生意简单地说，就是产生利益、分配利益的工作。而涉及利益时，人是最难协调的，他们总想着扩大自己的利益。你想到事先订合同，白纸黑字写下来，就是一大进步。比如这次争执涉及的分成比例，它涉及商品（你从家里拿出的物品）与劳动投入（小 A 的工作）的占比，还有商品定价权（在一定基础上的浮动范围，太贵了卖不动，坏名声，太便宜又会亏本），这些都在合同里写清楚，争执就不会发生。经历了这次争执，下次就可以避免出现类似的问题，是很大的收获。所以，不必害怕在实践中出问题，没有问题，就不会想办法，也就不能变聪明，无法进步。

五、这次最大的问题，你还没意识到，那就是你还没有成本意识。你收到的十六块钱，不是你赚到的利润，只是你的营业收入，扣掉成本才是利润。成本是什么？这些东西原本是父母买的，应该给予他们一定的补偿（他们或会豁免，但你应该主动提出）；不然的话，父母给你的东西，你转手以极低的价格卖掉，很容易操作，表面上你赚了钱，实际上是贱卖家庭资产，亏了大本。营业收入是不能拿来直接分成的，只有扣除了成本后的利润，才能够分成。十六块钱的营收扣除了成本后才能拿出来分，多则多分，少则少分，亏本就得分摊损失，这样才是公平的。当然，这次分出去的钱就不必再去讨要回来，学到了计算成本就是你这次的“利润”。一切都有成本，凡事不能忘了这点，这也是这次经历能给你的最有价值的真理。

祝开心。

连岳

被骂哭之后

连岳叔叔：

展信佳！

我是一名刚升六年级的小学生，看您的文章已经好几年了，这是我第一次给您写信。

一直困扰我的问题有点过时，请连叔不要见怪。

我相貌平平，语文、数学成绩还算可以，体育极差，从未当过班长、课代表，在班里就像一个隐形人。

在“六一”班级“评优评先”时，班上的学霸不知为何，推荐我当“三好学生”。因为“三好学生”是“评优评先”的最高荣誉，所以我当时开心极了。

可我很快被现实啪啪“打脸”，在民主投票时，我以十五票反对票出局，被打入“冷宫”（也就是得了最低荣誉“校园之星”）。其中一个心高气傲的女生给我的理由差点把我气吐血，她说我动不动就哭鼻子。我承认，我确实哭过鼻子，但是是她先嘲讽我跑得慢（说了一堆脏话），我才哭的。

回去后我向姐姐诉说，她安慰了我，并提议让我告状。但她不知道，告那女生状的人，都会被她的崇拜者打骂，让你不得安宁，直到你向她道歉为止。顺便说一句，所谓“崇拜者”，其实是她的一堆“男朋友”，隔三岔五地向她献媚。给我投反对票的都是她的“男朋友”。

连叔，这件事成了我的心结。如您能看到并回复我，我自然十分感激。

芋圆

芋圆：

你这次没评上“三好学生”，是好事。

因为“三好学生”是“评优评先”的最高荣誉，

如果你得到了它，一下子成了明星学生，认识你的同学会马上变多，超出班级这个界限。得到最高荣耀的人，有一个重要的责任是激励他人，让其他同学与你比差距，在品格、意志、方法上向你看齐，从而带动所有人一起进步。但是，其他同学一对比，发现你“体育极差”，“三好”至少没了“一好”，进而，他们又会怀疑你品德不好，靠弄虚作假上位，这样你德、智、体就剩“一好”。此时你得不到羡慕，反而会招来批评，比你现在的处境艰难百倍。你一走过，或许就有人在背后议论：这就是那个假“三好学生”！你一上体育课，又有人嘲笑：哪有体育这么差的“三好生”！连带着，其他班的同学还会瞧不起你们班，甚至怀疑你们老师的公正性。这种里外不是人的日子，你不会想过的。

所以，那个让你当不成“三好学生”的女生，其实是帮了你。你应该感谢她，而不是告她的状（当然，最后你也没告）。如果班上没这么一个敢表达真实看法，又有号召力的人，其他同学稀里糊涂把“三好学生”送给你，其实是把你架在火上烤，等你发现难受时，已经下不来了。当场把你骂哭，是狠了点，让你很丢脸。不过，在我这个年纪看，以我看过的无数人的人生为参考，这件事，给你的收获也很多，也是好事。从此以后，当有一个你很想要的东西摆在你面前时，你会想一想：我有没有资格得到它？如果没有，你就要克制，努力到有为止。这是活出好人生的关键一问，它让人避免尴尬、被动、耻辱，甚至是灭亡。人生时时面临诱惑，现在有“三好学生”，将来有名声、金钱、权力，没有这关键一问，就容易上当，容易掉到坑里，你早早在六年级丢脸一哭，相当于打了疫苗，以后就会少了丢脸的麻烦。很多人都要过丢脸这一关，早点过好。

想要什么好东西，就要配得上它。接下来，把体育练好，再过一两年，初二或初三的时候，拿一个实打实的“三好学生”，征服这个曾经骂哭你的女生，这才是很酷的证明自己的方式。

祝开心。

连岳

受点小委屈，不是坏事

亲爱的连岳叔叔：

您好！

我是一个五年级的小学生，在一次体育课上，我无意中看到一个小女孩跳绳的时候裤子不小心掉下来了——现在是冬天，天气比较冷，所以我看到的是她的秋裤——我很快转移了视线，但还是被一旁的同学看见了。有一个调皮的同学故意编造谣言，说我侵犯了别人的隐私，还有同学跟着乱起哄。我感到很生气、很郁闷。虽然我跟他们说了，我是无意间看到的，但他们并不听我说的话，继续起哄，连我最好的朋友都信以为真，请问我该怎么办？

忧愁的小学生

忧愁的小学生：

你这封邮件，我特地放了一周才回你。为什么呢？

现在，同学们是不是不再议论这事了？你自己是不是也忘了？至少，不再觉得那么委屈了。

时间，是很多事情的答案。很多解决不了的问题，你先放它一周再说，不辩解、不着急、不害怕，它自然而然就消失了。

这事，你肯定没错。你没有侵犯他人隐私，你是被动地陷入了这个尴尬事件中的。侵犯隐私是主动地刺探、传播、夸大他人不愿意公开的私事。当我们被动地知道他人的这些私事时，不仅不是侵犯他人隐私者，还算是受害者，因为似乎被强加了某种保守秘密的责任。

这事，你受委屈了。更奇怪的是，你还辩白不了。若你拿着我的回信对同学说："连岳叔叔都说我不是侵犯隐私。"同学们回忆起当天的事，继续恶作剧笑一阵的可能性并不小。这样，你不仅让自己，也会让那个当事的女同学更尴尬。

还好，受点小委屈，不是坏事。你以后能做大事，就得有受大委屈的能力。家人、朋友与大众暂时的不理解，敌人蓄意的造谣、抹黑，都可能发生在你身上，你不淡定、不隐忍、不忽视，那么，你就吃不下饭，睡不好觉，一天都过不了，更谈不上成大事了。而受大委屈的能力，就是从受小委屈培养出来的，效果类似于打疫苗。

在成长过程中，父母、老师都不可能故意让孩子受点小委屈，那样有点残忍，效果也不好。所谓的委屈，就得是意外发生的，这样心里才会真的觉得委屈。由于孩子特有的恶作剧，甚至由于他们还无法控制人性中的一些恶，他们会给彼此制造不少小委屈。像你这样摊上了，可以说是倒霉，也可以说是一次意外的成长，这更有利于你将来做大事。

祝开心。

连岳

九

换个角度看世界

被偷的小学生

连叔：

您好！我是一名四年级的小学生，我有一个困惑，请您帮我解答。

事情是这样的：我的一个同学有六支漂亮的、精致的彩色墨囊，他送给了我，我把它们像宝贝一样珍藏着。

这周二，我执勤回来发现我的书包被人打开过，我查看了一下，文具盒里的钢笔不见了，坐公交车的钱也不见了，那六支彩色墨囊也不见了，我难过不已。

吃午饭时，我发现 ××× 同学拿着我的彩色墨囊。经过询问才知道，原来是当初送我墨囊的同学和他偷的。于是，我向送我墨囊的同学要我的东西，他赔偿了我六元钱。

本以为事情就这么结束了。这周三我做完操回来，又发现我的书包被打开过。一看，我买文具的二十六元钱不见了，肯定又是他偷的。没想到他学习不好，脸皮还很厚！我真想告诉老师，可是，我又没有证据，只好把话咽回去。

我问过我的朋友，他说：“我也经常丢东西，我问过别人了，他们也是。好像是 ××× 同学和 ×××

同学偷的。我听说他俩经常趁我们做操，留在教室里偷东西。”

星期四，我看见 ××× 同学在翻我书包，一问才知道，是给我墨囊的同学指使他干的，还说事成之后给他一元。他走后我看了一下书包，少了三元，我立刻去找送我墨囊的同学，他赔了我三元。

星期五，上语文课时有人反映了 ××× 同学偷东西的事，马上又有很多人反映，可是，当时语文老师忙着上课，也没管什么。

一周结束了，我不知道星期一怎么办，不知道下一步怎么办，求回复。

谢谢！

一名迷茫的四年级学生

一名迷茫的四年级学生：

你把钱随身携带，不要放在书包里。暂时也把漂亮的文具放在家里，只带普通的文具上学。这样你的书包就没有了“作案”价值，否则的话，每次翻你的书包，都有收获，“小偷”就会得到鼓励，天天来偷。人有保护好自己财产的责任，太容易让人偷，明知有风险而不提高警惕，叫作“诲盗”——引诱别人犯罪。我还建议你在文具盒里留一张纸条，写上：“同学，你又来偷翻我的书包，你当小偷，你爸妈会很伤心的。”这一是表示你已有防备，二也是在帮同学改正错误。

小学生的是非观还很模糊，集天使与魔鬼于一身，所以同学既能送你墨囊，又能把它偷回去。某种程度上他们还把偷视为游戏，被发现了也不当一回事。这也是语文课上老师没有当场表态的原因之一，因为小偷、惯偷的指控是比较严重的，老师的评价又有权威，贸然说了不合适的话，可能未必有利于孩子改正，反而把他真的推上了小偷之路。我相信负责任的老师一定已在悄悄观察与调查，他将会以最恰当的方式平息这个风波，让所有孩子都得到成长。为了帮助老师工作，你失窃后要把情况第一时间向老师汇报（包括告诉父母），但你并不必去破案。有些案子，老师可能也破不了，但他听到失窃的事情，甚至发生过不止一次，他就会做相应的思想工作，把是与非说清楚，偷东西的同学可能就会从此收手，健康成长了。

我非常喜欢你的一点是，你在非常生气，基本锁定了嫌疑人的情况下，还能做到“我又没有证据，只好把话咽回去”，这是非常稀缺的品质。别说小学生了，很多成年人都没有。大多数人被情绪控制时，都会轻信别人的话，从来不问有没有证据，所以社交媒体上，谣言满天飞，“义愤填膺”吵成一锅粥后，发现根本没那么一回事。更有甚者，因为自己的失意、无能，要发泄自己的嫉妒、仇恨，就放纵人性的阴暗面，偏说一些没有证据的话，以为可以伤害他人，其实不过是在毁灭自己。所以，有一分证据说一分话，诚实面对自己和他人，会让你的心理非常健康，让你的人生规避掉绝大多数的风险。你发现自己有这优点，也算是失窃事件的意外收获吧。

祝开心。

连岳

被偷的小学生 2

连老师：

您好！

看了11月23日的文章《被偷的小学生》，我十分惭愧，我就是偷东西小学生的妈妈。

先介绍一下我的家庭情况：

从我的视角看，我们家是一个相对幸福的家庭：我和老公是大学同学，毕业后同到昆山工作。老公辛勤上进，顾家，无不良嗜好。家有两宝，老大儿子，十岁，四年级，老二女儿，两岁。公婆跟我们同住，通情达理，照顾两宝极为细心周到。同一屋檐下十余年，我们从未发生矛盾或口角。经过十多年的积累，我们在本地拥有三套房产，本无房贷，年初因置换学区房，现在背负每月一万两千多的房贷，突然之间有了压力。老公的公司迁往嘉兴，因为公司的待遇还可以，所以他也不想随意更换工作，只能两地往返，每周回来一到两次，大概有四个晚上在家里；我的工作不忙，但公司有一种加班文化，导致每天都得加班一到两个小时，公司大环境如此，很难改变。

老大的学习习惯：不拖拉，但不认真，没有主动学习意识，作业常草草地完成，早交差了事。成绩不错，班级前五。我觉得他能把知识点基本都掌握了，就管他少一点，会让他多看点课外书，学习一些课堂上没有的东西。因为不想让他丧失对学习的兴趣，所以我认为不需要每天检查作业，偶尔抽查就行。但我老公就觉得，一定要从严，一定要刷题。育儿观念上的差异，使老公即使身在外地，也坚持辅导儿子作业，我来协助。这一点也让老公认为我对小孩教育不上心，我们还因此发生过矛盾。

从去年开始，老大的学习习惯更差了，字迹潦草让人看了就要冒火。在其他方面，他经常欺负同学；为了好玩，跟踪老师；考试作弊——替其他同学考试，经常被投诉。每次事发，老公直接用皮带抽，而我是苦口婆心地讲道理。自己当时感觉有效，但最近发生的事情让我觉得当时的苦口婆心只是感动了自己。

上周四我被老师喊到学校——他经常和班里面的一个“问题小孩”玩，最近一个月多次到老师办公室里拿东西，主要是拿老师平时奖励给表现优异同学的糖果，拿回来后分给同学（很多次，受影响的老师约十位，分布在三个办公室）；还拿了同学们最害怕的科目——“科学”的测试试卷，自己找答案做，然后把试卷和答案分享给同学，导致老师不得不更换试卷。因为周边的同学也都是“受益者”，所以无人举报。后来老师在他座位的抽斗里老是发现糖纸，事情才暴露。

上周五我又被老师喊到学校,这次是因为他和“问题小孩”在小树林里面玩打火机。

今天我又接到老师电话：他翻了每个同学的书

包。班主任直接说："如果孩子乖巧，可以讲道理，但是你们家的不是乖巧的孩子，光讲道理没有用的。"

在家里也是，他对爷爷奶奶态度不好，欺负妹妹。爷爷啰唆，老是指责他这不好那不好，奶奶也会揪着他的缺点和错事不放，一遍两遍三遍地讲，我一回到家，就催我检查他的作业。我也很烦两位老人只看学习，抓住孩子的缺点不放，啰啰唆唆。但碍于两位老人的出发点是好的，照顾家里也挺辛苦的，就没提过让他们注意界限，不要插手小孩教育的问题。我说的最重的话，也只是：爸爸（妈妈），这个问题不要再讲了。

我很伤心，在老师办公室里忍不住哭了，我可以忍受他成绩差，但我不能忍受他的品德有问题。我也很想了解他这么做的原因。但就像老师反馈的，他会察言观色，你问他，他不回答，过一会你的注意力就转移走了，情绪转移到愤怒上，反而更得不到答案了。

刚才我又和我老公发生了争执，他要打，狠狠地打，我说你打会把他推到对我们不信任的一面，我们更不会得到真正的原因，就更无法对症下药，帮他改善了。

我回到家，想再好好地和他沟通，但我也不知道究竟有没有用。我想在他身上多投入些精力，但我看到他“无赖”的样子就烦躁。我想带他去看看心理医生，或者我们全家一起去，请专业人士分析一下，有没有这个必要？

盼求回复！

偷东西小孩的妈妈

“偷”东西小孩的妈妈：

我不觉得你的孩子品德有问题，就像他偷老师的糖果分给同学，并不是为了占有某物而偷，他是在享受“你们都不敢做而我敢”的乐趣，是获取关注、羡慕、崇拜的一种手段。做好事与做坏事，都会成为焦点，孩子还不知道好事与坏事的区别，为了成为焦点，往往还会选择做坏事，因为比起把事情做好，做坏事更容易。他就是一个人们常说的调皮捣蛋、胆大心细（只是相对于同龄人）的孩子，每一代都有这类孩子，他们身上能量很足，引导得当，那股不怕权威、想到就做的劲头，将来用在正事上，将很值得期待。

你不必惭愧，有这样的孩子，家长注定更辛苦，还要被人责怪与“嫌弃”。有些没有耐心的家长于是放弃孩子，听之任之。家长都放弃了，学校与老师更帮不上忙了，那孩子走上歪路的可能性就会变大。所以，你当然要和孩子沟通，不过，不要指望一次沟通就能起大作用，这不符合教育规律。教育规律是一次沟通只能起小作用，可能一两天、三五天之后，就需要进行下一次沟通。所以教育是浸润、肤受，是流水一样的塑造，是空气一样的包裹，要有像流水与空气一样多的沟通，才能从量变走到质变。教育孩子当然要穷尽一切手段找原因，而且还没有灵丹妙药，无法吃一片药，打一针，死抱前人经验，就能从此万事大吉。从这个角度看，这个容易出状况的孩子反而需要你天天检查，不仅要检查作业，还要检查他的精气神，从蛛丝马迹中发现不好的苗头，这样沟通才会更有针对性，效果更好。

你们的家庭，从爷爷奶奶到爸爸妈妈，都在负责任地教育孩子，那么，孩子极大概率是会成材的。没有什么万能教育法，不要教条主义，我倒认为，对这个孩子，你们家这种“鸡尾酒”式的教育法不错：爷爷奶奶慈祥地唠叨，父亲严厉，唱白脸，母亲宽厚，唱红脸。单独使用，效果有限，综合使用，效果更佳。大家都是队友，分工不同，不要急着否定他们的教育方法，要多借势，接好球，把你的部分做好。只要你做好了，多进球，你的方法自然能够胜出。

祝开心。

连岳

一心三用

连叔：

您好！我是一名小学五年级的学生，成绩中上游。我不为我的学习而感到慌张，但家庭情况却让我很头疼。

我的妈妈是做生意的，爸爸是公务员，家庭情况目前不是很好。就在去年某个时间，我妈妈跟我爸爸发生了第一次巨大的冲突，吵得很激烈。当时我正在睡觉，只觉得整个房间里氛围十分紧张，我心里很不舒坦！后来有了第二次、第三次……

再后来我知道爸爸背着我们欠了很多债，每天都在为债务发愁，他走到哪儿，那些讨债的人就跟到哪儿。他借了高利贷、网贷还有其他亲戚朋友的钱，所以每天都有人追着他要债。因为爸爸的处境我现在非常焦虑。爸爸每天心情都不是很好，唉声叹气的。妈妈的生意因为疫情，也受到很大影响，挣不了多少钱。现在整个家都需要我妈妈来支撑，她很不容易。

那期间我最大的感受就是家里总是乌烟瘴气的，每天都有吵架声，而且他们吵得十分激烈！但是我又改变不了什么，再后来他们就分开了。

漏洞的确都是在我爸爸身上，他的亲戚朋友都在埋怨他，他对我也不关心。妈妈也觉得他不是一个称职的爸爸，对家庭没有责任心。可是我每次看到骂他的人心里还是会很生气，我都想上去揍他们一顿！我

印象最深的一次是，讨债的人在他单位赖着不走，他又没有钱去还，导致爸爸在那段时间又是哭又是想要自杀的。后来我了解得也不多，只知道讨债的人走了。我在那暗骂讨债的人，干什么不好，非得折磨我爸？他要敢打我爸，骂我爸，我非得报警不可！

您觉得我应该怎么做呢？希望您可以给我一些安慰，谢谢！

祝万事如意，身体健康！

一枚学森

一枚学森：

你现在要做的，是一个专心，一个不关心，一个关心。

一个专心就是专心学习。每个人在人生的每个阶段，都有其主要任务。小学生的主要任务就是学习。把主要任务完成好，烦恼就会减少。烦恼越多，越要完成好主要任务。家庭出现变故，父母无暇、无心管教的小学生，最容易学习滑坡，甚至染上坏毛病。等你父母度过危机，清醒过来后，发现你的学习已很难挽救，甚至走上歪路，那种痛苦将会摧毁他们。所以，你对他们最好的帮助就是完成主要任务，越是兵荒马乱的时候，越要好好学习，按照老师的要求严格自我监督。你学习好了，能从老师与同学那里源源不断地得到正面反馈，你的心情也会变好；同时，也能给你父母，尤其是爸爸，输送一点正面的力量，用你的行动告诉他们如何更好地走出逆境。

一个不关心就是不关心你父亲的债务危机。他的危机总会过去的，时间问题。在这段时间，无论长短，他与债主的纠缠，他要死要活，你都要学会屏蔽，不关心。孩子会本能地关心父亲，甚至有某种无形的压力让你要表现出关心与痛苦，让你以为镇静与抽离是不对的。此时恰恰需要反本能，你不能去关心。你关心了没用，只会白白浪费时间与精力，让你专心学习的任务完成不了。再说了，你父亲必须解决好自己的烂摊子，这样他的能力与责任感才能提升，将来才有幸福可言。

当然，这不是让你变成一个冷漠的孩子。能冷，也要能热。对该冷的人必冷，对该热的人必热，这才是感情的正确使用方法。你要做的一个关心就是对妈妈热，关心她。她是目前压力最大、最痛苦的人，既觉得被丈夫背叛，又觉得对不起你，更对未来感到迷茫；说你目前是她最大的依靠，也不算夸张。此时，一个能把自己管理好的孩子，一个体谅她情绪的孩子，一个能够适时安慰她的孩子（你的微笑与拥抱即可），是她人生的大意义、大指引。

人总是不想碰到痛苦与危机的，但总要靠痛苦与危机成长。你在小学五年级就碰上这么大的痛苦与危机，是早了点，可成长得也早。你因此学会了“心”的运用，人生以后的痛苦与危机就少了——痛苦与危机来了也不怕——到了你爸爸那个年纪，你就不会犯他的错误了。

祝开心。

连岳

我想养宠物，但妈妈不让

连叔：

您好！

我是一名五年级的小学生，我的爸爸妈妈都很喜欢您，我也读过几本您的书。最近我总是在想一个问题：养宠物重要吗？

我的妈妈十分讨厌宠物，一次我爸爸带回来一只小鸽子，我很喜欢，但妈妈很是反对我们养鸽子。我们无奈，只好把鸽子放到车库，可第二天鸽子就被野猫吃了（小鸽子才三十多天大，不会飞）。

从那以后，我就开始觉得妈妈没有怜悯心，开始讨厌她（现在不讨厌了，就那一时半会儿讨厌，但我不喜欢妈妈的这个缺点）。

我就想问一下连叔：养宠物对不对呢？（本人觉得宠物十分乖巧、懂事、听话、忠诚。）

一名想养宠物想到疯的小学生

一名想养宠物想到疯的小学生：

野猫吃了鸽子，这对鸽子来说，是个大悲剧，还让你怪罪妈妈没有怜悯心。

但站在野猫的立场，你妈妈就是给它食物的大善人，充满怜悯之心。你应该也爱猫吧？

你看，同样一件事，换个角度，多想一步，可能有不同的结论。当我们获得这个思考方法，养成这个思考习惯后，就会更聪明、更智慧，也会有真正的怜悯心。

现在用这个思考方法来分析你的问题：养宠物对不对呢？

你爱宠物，从你的角度看，养宠物当然是对的。

但对一个成熟的成年人来说，除了爱，还要考虑其他很多问题：比如健康问题，有些人会对某些动物过敏；比如心理问题，有些人恐惧、害怕某些动物；比如时间问题，有没有足够的业余时间照顾动物？比如经济问题，养宠物可能带来沉重的经济负担。最后要不要养宠物，得听妈妈的，她考虑过这些问题。

有些人没考虑过这些问题，一时冲动养了宠物，冲动消失了就遗弃宠物。

有些人倒没有遗弃宠物，但因为没有这些思维维度，所以极度自我，认为“我的宠物别人也要爱”，放任自己的宠物任意便溺，骚扰、惊吓他人，变成公害，还以为自己特别有爱心。这类人多了，整个社会的道德水准与智力水准都会下降。养出这样的孩子，父母是失职的。所以，你妈妈敢于坚持自己的原则，为你提供另一个思考角度，是在尽职，是爱你。再说了，不把动物关起来，让它们在自然界自由自在地生活，这难道不是更有爱、更有怜悯心吗？至少，我们不能说不养宠物的人就没有怜悯之心。下这种判断是无知的，不负责任的。

在你的成长过程中，还将在许多观点上和妈妈爸爸发生冲突。有时你对；有时他们对；有时都对；也难免有时都错了，只是角度不同。冲突本来就是理解事物的一个途径，父母作为监护人，他们是不能回避冲突的，必须说出他们真实的想法，这样才能指引你。事事顺着你，你会变笨的。所以，发生冲突时，不要恨他们，一分钟都不要，一秒钟都不要，尝试用他们提供的角度考虑一下问题，你变得又聪明又有教养的速度就会加快。

不要恨你的妈妈，她极大概率是世界上最爱你的人。

祝开心。

连岳

图书在版编目（CIP）数据

少年问答 ： 插图版 / 连岳著. -- 南京 ： 译林出版社，2024. 9.（2025.1重印） -- ISBN 978-7-5753-0235-7

Ⅰ. G775-44

中国国家版本馆 CIP 数据核字第 2024U4C345 号

少年问答插图版　连　岳／著

策　　划　郑燕平
责任编辑　李　蕊
装帧设计　曹沁雪
插　　图　艾莫渝
校　　对　施雨嘉
责任印制　闻媛媛

出版发行　译林出版社
地　　址　南京市湖南路 1 号 A 楼
邮　　箱　yilin@yilin.com
网　　址　www.yilin.com
市场热线　025-86633278
排　　版　南京新华丰制版有限公司
印　　刷　江苏凤凰通达印刷有限公司
开　　本　890 毫米 ×1240 毫米 1/32
印　　张　8
版　　次　2024 年 9 月第 1 版
印　　次　2025 年 1 月第 2 次印刷
书　　号　ISBN 978-7-5753-0235-7
定　　价　49.00 元